Museo del Hermitage: La historia y legado del famoso ícono ruso del arte y la cultura
Por Charles River Editors
Traducido por Areaní Moros

El Palacio de Invierno
Fotografía de A. Savin

Sobre Charles River Editors

Charles River Editors es una editorial digital boutique, que se especializa en traer la historia de vuelta a la vida con libros educativos e interesantes en una amplia gama de temas. Manténgase al día con nuestras nuevas ofertas gratuitas con esta afiliación de 5 segundos a nuestra lista de correo semanal, y visite nuestra Página de Autor Kindle para ver otros títulos recientemente publicados.

Hacemos estos libros para usted, y siempre queremos saber la opinión de nuestros lectores, por eso le invitamos a dejar comentarios, y nos entusiasma publicar nuevos y emocionantes títulos cada semana.

Introducción

Fotografía del Hermitage
Por Leonard G.

El Hermitage

"Si esperamos el momento en que todo, absolutamente todo esté listo, nunca comenzaremos".
– Iván Turguénev, novelista ruso del siglo XIX

Muchos creyeron que el "Zarato de todas las Rusias", que tuvo su origen con el muy apropiadamente llamado Iván el Terrible, había contribuido a la desaceleración del progreso de la nación. No les fue mejor a los ojos de las principales potencias de Europa en este tiempo, que abiertamente los descartaron como "bárbaros" que dirigían una sociedad "al revés" o "de retroceso". Era claro que Rusia estaba irremediablemente atrapada en una especie de edad oscura.

Así fue, hasta que una nueva ola de monarcas, principalmente Pedro el Grande y la emperatriz Catalina II, sacaron al país de las aguas oscuras y turbulentas de la decadencia social y cultural. Pedro, quien apreciaba las culturas del Occidente, abrió los brazos a la tecnología, al ciencia y las artes, desarrollando un nuevo sistema educativo para su pueblo y apoyando una serie de instituciones de educación superior en Rusia. Construyó una ciudad capital de estilo europeo en San Petersburgo y también estableció nuevos puertos y acceso al Mar Báltico con el fin de abrir el comercio con Occidente.

Catalina la Grande llegó al poder en plena Ilustración, que estaba floreciendo en Francia y Gran Bretaña, y gobernaría como una gobernante ilustrada. Catalina, conocida correspondiente de Voltaire, buscó modernizar a Rusia y convertirla en una fuerza por derecho propio, creando a la vez una corte rica y culta. En el transcurso de sus casi 35 años en el poder, Catalina marcó el comienzo de la Ilustración rusa y presidió durante un periodo de tiempo conocido como la Edad de Oro del Imperio ruso.

Además, Catalina tenía una inigualable pasión por las artes, y comenzó una colección privada de arte que con el tiempo se convertiría en galerías y más galerías de tesoros históricos enviados de todas partes del mundo. Este legendario museo no es otro que el Hermitage, ubicado en el corazón de San Petersburgo, la capital del emperador Pedro el Grande.

El Museo del Hermitage: La historia y legado del ícono ruso del arte y la cultura narra la historia del Hermitage, explora el museo y examina las múltiple figuras clave que moldearon al Hermitage hasta el fenómeno en que se ha convertido. En conjunto con fotografías de personas, lugares y eventos importantes, aprenderá sobre el Museo del Hermitage como nunca antes.

La Edad Oscura rusa

"He conquistado un imperio, pero no he podido conquistarme a mí mismo". – Pedro el Grande

En algún momento de la vida, algunos más que otros, todos fantaseamos sobre cómo sería ser de la realeza. La mayoría se imagina adornados con una magnífica corona, lujosas túnicas y dedos enjoyados, dirigiéndose a miles de sus maravillados súbditos desde el balcón real. Con un movimiento del cetro dorado, las multitudes abajo estallan en atronadoras rapsodias de vítores, que se entremezclan de maravilla con las triunfantes trompetas y brillante lluvia de confeti.

Desde el momento en que abrimos los ojos al amanecer, una banda de mayordomos o una fila de encantadoras damas de honor están allí para atender cada una de nuestras necesidades, sin importar cuán insignificante sea la solicitud. Los más perezosos de la realeza eran mimados a más no poder, y entre ellos los más indolentes no eran capaces de, o no querían, vestirse, bañarse o alimentarse a sí mismos. Por ejemplo, se dice que el emperador Wanli de la Dinastía Ming, era tan holgazán, ocupándose solo con mujeres, licor y comida, que hacia el final de su vida ya no podía levantarse de su cama o moverse sin ayuda. Finalmente, su reinado negligente e imprudente no solo dejó en bancarrota el tesoro imperial, sino que volcó al gobierno. Así como Wanli, aquellos con ensueños de tal estilo de vida solo se enfocan en los estupendos banquetes, lujosos palacios, y todo el brillo y glamur asociado a la realeza. Rara vez toman en consideración las enormes responsabilidades del gobierno, el mantenimiento de las relaciones internacionales, y otros deberes trascendentales incluidos en la descripción de su trabajo.

En el otro extremo del espectro, estaban los soberanos ambiciosos, quienes estudiaban diligentemente las estrategias políticas de su predecesor al derecho y al revés, con el objetivo de mejorar las políticas que funcionaban y reformar las que fracasaron. La mayoría tuvo las mejores intenciones, esperando gobernar con mano firme pero justa. Dicho esto, no es difícil ver cómo alguien que no ha vivido y respirado nada más que grandiosidad desde el momento en que nació, podría embriagarse excesivamente de poder.

Antes del reinado de Pedro el Grande, Rusia estaba atascada en una zanja. Era, como la describieran los historiadores, una sociedad oscura y "bárbara", particularmente en comparación con las principales potencias de Europa en ese tiempo. El periodo de ignorancia estuvo plagado por desorden político, moldeado por invasión y conflicto, y rematado con una crisis de identidad. Aquellos bendecidos con la fortuna de viajar habían visto los avances de sus países vecinos y querían desesperadamente lo mismo para su amado país de origen.

Para comenzar, antes del siglo XIII Rusia estaba gobernada por un pueblo eslavo oriental conocido como los Rus, quienes habían plantado banderas y centralizado los territorios vecinos en torno a la ciudad ucraniana de Kiev, en Europa del Este. La dinastía Rúrika o Ruríkida, como era conocida, sobrevivió durante 700 años, un total de veintiún generaciones. En 1223, una inesperada invasión de un "enemigo desconocido" –los mongoles– astilló el imperio. En poco tiempo, Rusia se había convertido prácticamente en parte de Asia.

Con el tiempo, hacia finales del siglo XV, Rusia se alejó del alcance mongol. Lo que se conoció como el Gran Ducado de Moscú sirvió para consolidar los territorios rusos, y lentamente comenzó a adicionar tierras asiáticas a su tesoro de territorios. A mediados del siglo XVI, Rusia pasó a otra página cuando Iván el Terrible subió al poder y abrió un capítulo tumultuoso y sanguinario.

Retrato de Iván el Terrible

El primer zar de Rusia fue un tirano violento, brutal y con un terrible temperamento, por decir poco, pero al menos en su caso, el mal se forjó de sus experiencias de vida. A diferencia de la mayoría de los miembros de la realeza, los primeros recuerdos de infancia de Iván fueron todo menos agradables, muy lejos de ser la imagen de la realeza. Ciertamente, la estabilidad era un concepto desconocido para Iván. Cuando a la edad de tres años perdió a su padre, Basilio (Vasily) III, su madre, la zarina Elena Glínskaya, mantuvo caliente el trono como regente durante los siguientes cinco años. La atractiva pero feroz zarina defendió el trono por todos los medios. Encarceló y mató de hambre a uno de los tíos de Iván, y a otro lo hizo asesinar sin piedad. Elena se había ganado tantos enemigos que ella, también, murió probablemente por envenenamiento en 1538, cuando Iván tenía solo ocho años de edad. La relación más cercana y presunto amante de Elena, el boyardo (nobleza rusa con rango directamente por debajo de los príncipes) Iván Feodorovich Obolensky, fue arrastrado de su casa, arrestado y luego apaleado a muerte por sus captores.

Se decía que a Elena nunca le había importado mucho Iván, pero que Agrafena, la hermana menor de Obolensky, adoraba al niño. Aun así, las prematuras muertes de ambos padres a una edad tan temprana deben haber volcado el mundo de Iván de cabeza. Pocos días después de la muerte de Obolensky, Iván perdió la única semblanza de estabilidad cuando Agrafena fue exiliada y enviada a un lejano convento.

Antes de la partida de Agrafena, Iván era despreocupado y magnético, y demostraba abundante potencial con su inclinación por los libros y el aprendizaje. Se decía que los boyardos que tomaron el lugar de Agrafena le robaron su inocencia a Iván; algunos ignoraban a Iván y a su hermano discapacitado, Yuri, mientras que otros se tomaban turnos para abusar sexualmente de los indefensos hermanos. Durante días seguidos, Iván y Yuri eran dejados con estómagos vacíos y sus ropas sucias y sin cambiar. Cuando saqueadores irrumpieron en el palacio, Iván fue arrojado a un lado y dejado para defender a su hermano por su cuenta mientras los asaltantes saqueaban por completo el lugar.

El emocionalmente perturbado niño solo podía desatar sus frustraciones contra aves silvestres. Las espetaba, les retorcía el cuello, les arrancaba las plumas, pinchaba los ojos y las diseccionaba vivas. A finales de diciembre de 1543, Iván, de trece años de edad, decidió que ya no toleraría más a los boyardos. Pidió el arresto inmediato de su peor atormentador, el príncipe Andréi Shuisky, acusándolo de administración inapropiada del imperio. Bajo instrucciones de Iván, el príncipe fue arrojado gritando y pateando a un foso habitado por perros de caza rabiosos.

Apenas entrado a sus años de adolescencia, el cascarón de inocencia de Iván había sido completamente vaciado, y había abrazado su infamia como un terror ambulante en las calles de Moscú. De abuso animal, embriaguez, derribar a los débiles y ancianos y aterrorizar a granjeros, Iván y sus amigos buenos para nada se graduaron a violar a las mujeres de la ciudad. La mayoría de las víctimas de violación de Iván fueron eliminadas. Algunas fueron estranguladas a mano o con soga, y otras enterradas vivas o devoradas por osos. Cuando llegó el momento de "sentar cabeza" y encontrar una esposa, realizó una especie de concurso de belleza para elegir a su novia.

Curiosamente, a Iván también se le recuerda como un fanático religioso. Pasaba la mayor parte de su tiempo sin salir de palacio, examinando textos sagrados de la Iglesia Ortodoxa Rusa. Algunas veces, durante sus plegarias, se inducía a sí mismo a un frenesí. Gritaba sus oraciones y cantaba sus confesiones hasta que se irritaba su garganta y se desinflaban sus pulmones. Batía su cabeza contra el piso, dando rienda a las posesiones espirituales hasta que su cabeza quedaba ensangrentada y magullada. Gradualmente, las historias del disfuncional y acertadamente llamado Iván el Terrible se filtraron al resto de Europa.

La coronación de Ivan en 1547 dio inicio al Zarato ruso. Si bien "moralmente cuestionable" haya sido quizás la más leve de las críticas que recibió Iván en cuanto al tejido tiránico de su reinado, la dictadura tuvo sus aspectos positivos, por muy sombríos que fueran. Iván estaba decidido a estar a la altura del título "zar", la versión eslava de la palabra "césar" y se dispuso a conquistar nuevas tierras. Fue exitoso en la expansión del Imperio ruso mediante sus tácticas salvajes características, apoderándose de Siberia, los Urales, y porciones del territorio del Volga. Para celebrar la captura de Kazán en 1552, Iván erigió la impresionante Catedral de San Basilio, que se encuentra aún hoy en la Plaza Roja de Moscú. Se incorporaron elementos europeos y asiáticos en la estructura de madera, construida con unos cimientos de piedra blanca y una fachada de ladrillos rojos, coronada con domos de estaño "en forma de cebolla", pintados con patrones fascinantes en blanco, dorado, rojo, azul y verde.

Dejando a un lado los logros, el estilo de liderazgo de Iván había más que empañado la reputación del Zarato. La drástica centralización del poder bajo su reinado vio la persecución sangrienta de muchos de las clases inferiores. Estableció una organización bautizada la "opríchnina", un ejército de bandidos y antiguos criminales vestidos de negro que acechaban en las calles con sus sementales negros. Tenían la tarea de mantener a raya a la nobleza, y no dudaban en matar a cualquiera que se opusiera a Iván. No es que hubiera muchos que se atrevieran a salirse de línea, de cualquier forma: Iván estaba presuntamente armado en todo momento con una lanza de metal brillante.

Los *opríchniks* luego se expandieron hacia el "pseudo-monacato", lo que levantó más cejas en las potencias vecinas de Europa. Juntos, recitaban las escrituras durante la cena y realizaban rituales atroces, que involucraban inagotables barriles de vino, orgías salvajes, tortura insoportable, y la violación de mujeres nobles y campesinas por igual. Estos horrendos actos eran seguidos por actos de remordimiento igualmente desquiciados, en los que los pecadores, incluido Iván, se arrojaban a sí mismos de cabeza contra las paredes y altares hasta que se quebraban sus cabezas y corría la sangre por sus rostros.

La sangre que se derramó en los reinados de los sucesores de Iván hasta mediados del siglo XVII palidece en comparación, pero el daño había sido hecho. A los ojos de Europa, Rusia era una causa perdida, atascada sin remedio en el pasado. A aquellos inclinados a la xenofobia les desagradaban los rusos por la cultura diversa y heterodoxa que los hacía únicos.

A medida que los zares que siguieron a Iván acumularon más tierras de Asia, la población rusa floreció en color; para algunos, estos rostros se estaban volviendo cada vez menos "europeos". Los rusos practicaban una versión diferente del cristianismo que los distinguía de la Europa principalmente católica, y se comunicaban en un idioma diferente y escribían en cirílico, a diferencia de la mayor parte de Europa, que había abrazado el Latín. Se vestían diferente, luciendo tocados, caftanes, elaborados sombreros, y abrigos y botas de piel, a menudo en rojo y otras tonalidades llamativas. Las barbas se dejaban crecer libres e indómitas, y se usaban zapatos en la cama; prácticas muy mal vistas por el resto del continente.

Parecía como si todas las grandes revoluciones tecnológicas y periodos de progresismo cultural se habían saltado Rusia. Muchos de los habitantes se aferraban firmemente a la tradición y se negaban a aceptar el cambio. Esto fue especialmente evidente cuando en 1553 Iván estableció la primera casa editorial de Rusia, la "Imprenta de Moscú", incurriendo en la ira de los escribanos, cuyos trabajos se veían amenazados. Cuando los manifestantes incendiaron la imprenta, los impresores huyeron a Lituania y se establecieron allí.

A pesar del amor de los zares por la guerra, tanto el ejército como la marina de Rusia estaban viniéndose abajo, y ya no podían estar a la altura de sus fuerzas rivales. Debido a la moral en picada, la creatividad dentro del país era tenue y sin inspiración. El sistema educativo estaba en desarreglo, con un currículo incompleto y ningún estándar real en términos de ciencia o matemáticas.

El cambio debía ocurrir un ahora, o se quedarían incluso más atrasados, indefinidamente.

Un atisbo de esperanza

"Construí San Petersburgo como una ventana para dejar entrar la luz de Europa". – Zar Pedro I de Rusia

El zar Pedro I de Rusia, conocido por su pueblo como "Pedro el Grande", llegó al poder en esta precaria posición, y si bien su ascenso al sagrado trono fue una hazaña que había anhelado durante años, Pedro sabía que no le esperaba una tarea fácil. Y sin embargo sería este miembro de la realeza rusa quien rehabilitaría a la nación en declive y la impulsaría a la era moderna.

Retrato de Pedro el Grande, 1698

Pedro nació en Moscú, Rusia, el 9 de junio de 1672, con el nombre "Piotr Alekséievich". Su nacimiento no fue precisamente un milagro para el prolífico zar Alejo I (Alekséi Mijáilovich Románov), pues el bebé Pedro era su decimocuarto hijo, el primer hijo varón con su segunda esposa, Natalia Narýshkina. Los Mijáilovich pertenecían al incipiente linaje del zarato ruso, que se originó con el primer zar de la nación, Iván el Terrible, en 1547.

Aproximadamente cuatro meses antes del 4to cumpleaños de Pedro, Alejo murió de un infarto y fue sucedido por su hijo mayor sobreviviente, Fiódor (Teodoro III), un brillante pero enfermizo quinceañero. Cuando el joven Fiódor murió por complicaciones del escorbuto en 1682, Iván V, de 16 años, y su hermanastro, Pedro, gobernaron conjuntamente durante los siguientes catorce años. A diferencia de aquellos antes de él, Iván V, apodado "Iván el Ignorante", nació con severas discapacidades mentales y físicas. No era apto para la corona, ni él quería el puesto en primer lugar.

Parecía, no obstante, que la corona se ajustaba perfecta a la cabeza de Pedro. El año en que murió Fiódor, una muchedumbre mal informada pero maliciosa, convencida de que Iván había sido asesinado, irrumpió en el Gran Palacio del Kremlin, clamando sangre. La zarina Natalia presentó en pánico a Iván y Pedro a la multitud, asegurándoles que sus hijos estaban completamente a salvo. Cuenta la leyenda que, mientras que Iván se escondió gimiendo detrás de su madre, Pedro, quien era excepcionalmente alto y ancho de hombros para su edad, encaró la multitud sin siquiera pestañear.

Retrato de Pedro de niño

A la edad de 27 años, la salud en deterioro de Iván ya lo había dejado inmovilizado, senil y prácticamente ciego. Dos años después, en 1696, murió de una enfermedad relacionada, dejando a tres de cinco hijas, pero ningún hijo. Fue solo entonces que Pedro se convirtió en único gobernante. Con una imponente altura de 2 m, y el orgulloso poseedor de una gruesa cabellera ondulada y oscura, una amplia frente, y bigote delgado y bien curado, fue fácilmente uno de los más imponentes de todos los soberanos rusos, no solo en estatura, sino por el peso y legado duradero de su reinado. Un visitante italiano a su corte más adelante describiría a Pedro: "El zar Pedro era alto y delgado, en lugar de robusto. Su cabello era grueso, corto, y marrón oscuro;

tenía ojos grandes, negros y de largas pestañas, una boca de buena forma, pero el labio inferior estaba levemente desfigurado. (…) Para ser tan alto, sus pies parecían muy angostos. Su cabeza a veces tiraba a la derecha debido a convulsiones".

Desde el comienzo de su reinado, Pedro el Grande estaba ansioso por dar vuelta al barco. El nuevo zar estaba convencido de que la mejor manera de modernizar a Rusia sería emular las costumbres y políticas de las principales naciones europeas. Para comenzar, Pedro, que también creía en el "absolutismo real", se empleó a sí mismo como el titiritero de la Iglesia Ortodoxa Rusa, pues esta poseía deslumbrantes fondos separados del estado, además de un rico suministro de tierras y siervos. También se esforzó por renovar el sistema educativo, y comenzó introduciendo la Escuela de Navegación y Matemáticas de Moscú. La nueva escuela, establecida en 1701, estaba equipada con reputados maestros británicos. Ese mismo año, aparecieron escuelas de idiomas y centros de entrenamiento militar por toda la nación. En los años siguientes, se destinaron fondos reales para construir docenas de escuelas enfocadas en la medicina, ingeniería, matemáticas, ciencia y negocios.

Con el tiempo, Pedro creó el primer periódico nacional de Rusia, conocido como el "Vedomosti". A los soldados rusos se les dio educación superior, ya que Pedro creía que el conocimiento en una amplia gama de campos era tan crucial como la agudización de las habilidades de combate y la mejora de estrategias militares. A los nobles rusos se les instaba a ampliar sus horizontes viajando a otras ciudades europeas y absorbiendo los ideales ilustrados de las más grandes mentes.

Ahora se esperaba de los rusos jóvenes y educados que mudaran de piel y de viejos hábitos, y se mantuvieran al día con lo que estaba de moda en Occidente. Al comienzo del siglo XVIII, Pedro declare que todos los boyardos, funcionarios del gobierno, nobles y terratenientes debían retirar sus atuendos tradicionales rusos y actualizar sus guardarropas con estilizados caftanes húngaros, enaguas y gorros franceses, o vestimenta germana. Exceptuando a los campesinos, quienes querían entrar a Moscú vistiendo ropa tradicional rusa eran multados con un impuesto.

Aproximadamente en esta misma época, Pedro prohibió las barbas. Aquellos que se negaban a cumplir eran sujetados por los hombres de Pedro, y sus barbas cortadas en contra de su voluntad. Esta práctica duró poco, pues fue condenada por los líderes de la Iglesia, pero no obstante, el emprendedor Pedro estableció un "impuesto a la barba" anual sobre aquellos que escogían conservar el vello en sus barbillas, con las tarifas variando desde 2 *kopecks* (aproximadamente 57 centavos de dólar estadounidense hoy en día) para los mendigos, hasta 100 rublos (2.879 USD) para los ricos.

El estilo europeo en la arquitectura, los jardines y otros aspectos de la vida también se puso en boga en Rusia, con los más adinerados siendo instados a adoptar las fiestas de té y las galas sociales de estilo europeo. Pedro impactó a su propia corte al recibir a las mujeres de la nobleza en las reuniones sociales, creando así un nuevo espacio para las esposas e hijas dentro de las vidas y círculos sociales de la nobleza. Irónicamente, una de las mujeres a las que no les gustaron estos nuevos cambios fue la esposa de Pedro, Eudoxia, quien era una mujer rusa muy tradicional. Mientras se encontraba todavía viajando por Europa, Pedro escribió a casa alentando a su consejo a sugerir que Eudoxia se hiciera monja, pero ella se negó porque no quería separarse de su hijo. El zar ideó una solución para el peliagudo asunto, simplemente forzándola a entrar a un convento, un acto que puso fin a problemático matrimonio. Una vez que Eudoxia entró al convento, se consideró a Pedro divorciado y libre de casarse de nuevo, mientras que su hijo, Alejo, fue puesto al cuidado de su hermana Natalia. Eudoxia permaneció en un convento o prisionera en una fortaleza hasta que su nieto, Pedro II, llegó al poder muchos años después.

Si bien algunos de los cambios al regreso de Pedro fueron superficiales, otro fueron más significativos. Por ejemplo, instituyó un nuevo calendario en línea con el de Europa Occidental, para permitir una mejor comunicación con Occidente. Hoy en día el calendario ortodoxo sigue siendo diferente del que usan las diversas ramas del cristianismo en Europa Occidental, pero en le época de Pedro I, todos estaban en el mismo horario.

Influenciado por su visita a la casa de moneda en Londres, Pedro también ordenó la producción de nuevas monedas, reguladas por el gobierno para estabilizar la economía. Tomando una sugerencia anónima de un siervo (a quien más adelante encontró y liberó), Pedro hizo crear un papel especialmente impreso para los documentos gubernamentales. Los monopolios comerciales ayudaron a financiar la tesorería del gobierno, comenzando con una transacción de tabaco que Pedro negoció mientras estuvo en Londres. Aunque el tabaco había sido condenado por la Iglesia Ortodoxa, fue ampliamente aceptado en la corte de Pedro, como tantas otras costumbres europeas. A esto siguieron más monopolios, que permitieron que el gobierno tuviera ganancias significativas a medida que creció el deseo por productos europeos.

Quizás el más notable de los logros de Pedro fue la construcción de San Petersburgo, la segunda ciudad más grande en Rusia hoy, después de Moscú. El primer adoquín fue plantado el 27 de mayo de 1703. Lo que comenzó como un terreno yermo y pantanoso, salpicado de fortificaciones dispersas y deslucidas hechas de ladrillo y piedra, pronto creció hasta ser una ciudad vibrante y bulliciosa. La estructura y distribución de la ciudad fue diseñada por algunos de los más talentosos arquitectos europeos, incluidos Jean-Baptiste Leblond, Bartolomeo Rastrelli, y Domenico Trezzini. Los distintivos edificios y puentes fueron hechos en el estilo que ahora es llamado "Barroco Ruso", la visión un esfuerzo colaborativo llevado a cabo por más de 15.000 artesanos y siervos.

Cuando el viajar y vivir afuera se hizo una necesidad en su proyecto de expansión, Pedro decidió construir residencias reales de temporada en diversas ciudades rusas. Poco después de que se colocara la primera piedra en la nueva ciudad de San Petersburgo, Pedro comisionó la construcción de una cabaña provisional de un solo nivel hecha en madera, en la orilla norte del río Neva. Si bien esta morada no estaba ni cerca de ser un adefesio, tampoco estaba cerca de ser apta para un zar. Pero allí se quedó Pedro hasta 1708, para supervisar mejor la construcción de la ciudad.

Dos años más tarde se construyó a lo largo del Bolshaya Neva, el brazo más prominente del río, el Palacio Ménshikov, diseñado por los arquitectos italianos Giovanni Fontana y Gottfried Schädel. Fue el primer edificio en piedra de la ciudad, obsequiado al príncipe Aleksandr Ménshikov. La "Alteza Serena", como lo llamaba el pueblo, no era técnicamente un príncipe, ni era de noble cuna, pero trepó la escalera real como estadista, convirtiéndose en el compañero más cercano de Pedro. La palaciega mansión maravillaba a sus visitantes con sus paredes de mármol, finos grabados y pisos laminados con tablones de madera cuidadosamente colocados a mano.

En 1722, uno de los arquitectos favoritos de Pedro, Trezzini, tuvo la tarea de demoler la cabaña. En su lugar se erigiría un hermoso palacio de dos pisos en piedra, completo con un espacioso sótano, y fue pronto bautizado como el "Primer Palacio de Invierno". En febrero de 1712, Pedro intercambió votos con su ruborizada novia, Catalina I, en el gran salón del Palacio. Fue una ceremonia impresionante, bajo los altos y exquisitamente tallados techos y paredes pintadas, donde cientos de invitados disfrutaron de alegre música, un delicioso banquete y un fantástico espectáculo de fuegos artificiales. Cuatro meses después, Tezzini reemplazó la iglesia de madera de San Pedro y San Pablo con una catedral de piedra.

El primer Palacio de Invierno

Catalina I

A medida que la familia de Pedro continuó expandiéndose, también lo hizo su visión para el asombroso Palacio de Invierno. En 1716, el arquitecto alemán Georg Johann Mattarnovi fue contratado para construir una extensión de la estructura: el Segundo Palacio de Invierno. Mattarnovi diseñó un impresionante edificio de doble ala con torres de piedra a juego y columnas de bronce bruñido, con hileras de ventanas altas y arqueadas que permitían la máxima iluminación natural.

Dos años más tarde, se creó el Canal de Invierno , que iba desde el Neva hasta el río Moika. Esto drenó la tierra del creciente Palacio de Invierno y definió sus fronteras. Fue en el Segundo Palacio de Invierno que murió Pedro el Grande, en febrero de 1725, al sucumbir a infecciones de uremia. En 1736, altos funcionarios de la corte establecieron residencia en el palacio vacío.

A raíz de la muerte de Pedro, la zarina Anna Ioánnovna, la hija del hermanastro de Pedro, Iván el Ignorante, subió al trono. La nueva monarca era impopular, descrita como "apenas alfabetizada" y poco atractiva, con mejillas hinchadas que recordaban al "jamón de Westfalia". En 1732, se construyó un Tercer Palacio de Invierno para la exigente emperatriz. Los arquitectos italianos Carlo y Francesco Rastrelli habían sido puestos a cargo de crear la belleza de tres pisos. Más tarde se le añadieron alas, formando una estructura en forma de T, su tallo casi sobre las aguas del Neva.

Pintura del tercer Palacio de Invierno

Representaciones de los pasillos interiores y la Rotonda en el palacio

El pequeño salón del trono en el palacio

Ese mismo año el complejo del Palacio de Invierno fue declarado residencia oficial de los soberanos de Rusia. Como nota al margen interesante, es posible que la zarina haya sido la inspiración de la vida real para el personaje de Elsa, de la película de Disney, *Frozen*. Anna, que nunca tuvo muchos pretendientes genuinos en su vida, se emocionó cuando finalmente consiguió un esposo, y se regocijó con la boda de sus sueños. Dos días después, Pedro organizó la boda de dos enanos, un asunto extravagante que rivalizó con el de ella. Muchos dicen que había sido la no muy buena versión de una broma cruel por parte de Pedro, con el fin de burlarse de la apariencia de Anna. Para empeorar las cosas, Pedro había desafiado a su novio a una competencia de tragos, que terminó con su marido muriendo de insuficiencia hepática dos meses después. Cuando Pedro rechazó a todos y cada uno de los siguientes pretendientes de Anna, la princesa entró en un estado de depresión y resentimiento, y su corazón se congeló. En una espectacular demostración de venganza, ella ordenó la construcción de un palacio de 24 metros de largo y 10 de alto, tallado únicamente en hielo, que venía con muebles complementarios de hielo, y más importante, una cámara de tortura.

En 1741 la hija de Pedro, Isabel Petrovna, encabezó un golpe de estado y le arrebató la corona a Iván VI, de 1 año de edad. Tres años después, Francesco Rastrelli comenzó la construcción de una tercera extensión de la maravilla invernal del Imperio: el Cuarto Palacio de Invierno. Lo asistió Yuri Felten, un arquitecto nacido de inmigrantes alemanes en Rusia. El equipo liderado por el par desmanteló el palacio de Anna (sus cimientos se usaron más tarde para servir como el ala oeste de la nueva estructura que estaría en su lugar), y la construcción se concluyó ocho años después. La zarina Isabel moriría pocos meses antes de poder ver completado el palacio.

Para entonces, Catalina II, finalmente recordada como "Catalina la Grande", había tomado el trono. Sería esta progresista y ambiciosa zarina quien comenzaría una pulida e incomparable colección de arte, que un día transformaría el Palacio de Invierno en la joya de Rusia: el Museo del Hermitage. De hecho, la emperatriz consideraba tan invaluable la colección que prometió mantenerla en un lugar de "retiro y aislamiento", y cerró las puertas del palacio. Para ser aún más enfática, Catalina declaró descaradamente: "¡Solo los ratones y yo podemos admirar todo esto!".

Catalina II de Rusia por Fyodor Rokotov

Catalina y la resurrección cultural

"Es mejor inspirar una reforma, que hacerla cumplir". –Catalina la Grande

Catalina II nació en Prusia (hoy Polonia) el 2 de mayo de 1729, como "Sofía Federica Augusta" (Sophie Friederike Auguste von Anhalt-Zerbst, apodada 'Figchen'). En contraste con los zares y zarinas que gobernaron antes que ella, Sofía no era una descendiente directa del zarato, sino la hija del príncipe del pequeño distrito alemán, Anhalt-Zerbst. Si bien ella siempre estuvo bien alimentada y cómodamente vestida, se formó una brecha entre la joven Sofía y sus padres, quienes no hicieron secreta su preferencia por un bebé varón. Sus padres mimaron a su hermano mayor, Wilhelm, durante la mayor parte de su infancia, hasta que el niño contrajo viruela y murió repentinamente a la edad de doce años.

Como su madre, la princesa Juana Isabel no se esforzaba por ocultar su flagrante favoritismo, Sofía encontró una figura maternal en su institutriz, *Mademoiselle* Babette. Bajo su instrucción y la de un grupo de selectos tutores privados, Catalina consumió literatura europea y aprendió hasta dominar el alemán, ruso y francés. Su tutor de religión era un capellán del ejército, quien la introdujo a la fe luterana alemana, pero incluso a una tierna edad Sofía era conocida por cuestionar y señalar supuestas inconsistencias en la doctrina.

Cuando Sofía alcanzó su adolescencia, su madre, quien estaba descontenta con su actual situación residencial, decidió que le había encontrado un uso a Sofía, después de todo. La joven había crecido y se había convertido rápidamente en una mujer deslumbrante, con cabello oscuro que caía en cascada, ojos redondos y resplandecientes, figura curvilínea y "una boca que parecía invitar besos". Juana comenzó a solicitar que Sofía le acompañase en viajes para visitar a parientes de la realeza en los alrededores con la esperanza de casarla. Sofía accedió de inmediato, pues el matrimonio parecía ser la vía perfecta a la libertad y el poder, una que le permitiría finalmente dejar atrás su relación tóxica con su madre.

En 1744, Sofía, de quince años, se reunió con su madre en un viaje a Rusia, a petición de la zarina Isabel Petrovna. Allí, la presentaron a su primo, y sobrino de Isabel, el Gran Duque Pedro Fedorovich. Aunque era solo un año mayor que ella, Pedro resultó ser la cola para su pegamento. Sea como fuere, estaba entendido desde el inicio que el amor no tendría relevancia en esta unión. La pareja se casó un año después y para que el matrimonio fuera vinculante, Sofía, ahora duquesa, tenía que convertirse a la Iglesia Ortodoxa, lo que decepcionó a su devotamente luterano padre. En el día de su conversión fue bendecida con un nuevo nombre, "Yekaterina", o en español, Catalina.

La joven Catalina poco después de su llegada a Rusia, por Louis Caravaque

Pedro

Para Juana e Isabel, era una situación en la que todos ganaban. Juana recibiría el estilo de vida florido que buscaba, y los recién casados ahora podían producir un heredero al trono ruso. Pero para la zarina, las cosas no irían según el plan, ni cerca de ello. Como era de esperar, el matrimonio estuvo condenado desde el principio. Catalina tenía una sed intelectual que el juvenil pedro no podía satisfacer, al no tener ningún interés en lo académico. Catalina mantenía su propia imagen en especial alta estima, mientras que Pedro estaba visiblemente despreocupado por su reputación. Pedro descuidó a Catalina románticamente, pues no la encontraba atractiva, y en su lugar optaba por pasar su tiempo jugando con soldados de juguete. Por su parte, Catalina lo encontraba igualmente poco atractivo, y a menudo se burlaba de él y hacía comentarios odiosos sobre su sobremordida y ojos saltones y atontados. Y mientras que Catalina era equilibrada, elocuente y sensata, Pedro tenía mal genio y cambios de humor.

Durante casi nueve años Isabel esperó, pero debido a la falta de chispa entre la pareja, no se produjo ningún heredero. En este caso, los opuestos definitivamente no se atrajeron. De hecho, la brecha entre los nuevos esposos solo se profundizó. Los insultos de Catalina contra su esposo empeoraron. Se dijo que constantemente se refería a él como "ese idiota bueno para nada" y "ese borracho de Holstein". Louise Phillippe, una embajadora de Francia y una de las confidentes más cercanas de Catalina, hizo el siguiente comentario acerca de la "mal combinada" unión, diciendo: "Parece que por algún capricho extraño, el destino quiso darle al esposo la pusilanimidad, absurdidad, la necedad de alguien destinado a servir, y darle a su esposa el espíritu, valentía y la firmeza de propósito de un hombre nacido para gobernar".

Apenas unos meses después de su boda, el dúo sin amor ya había comenzado sus propias relaciones extramaritales. De la misma Catalina se decía que había tenido incontables amoríos con al menos veintidós amantes, incluso hasta sus años dorados, cuando se convirtió en una zarina obesa y muy maquillada. Se mantuvo leal y generosa con cada uno de sus amantes incluso después de sus inevitables rupturas, otorgándoles títulos prestigiosos, vastas porciones de tierras, y sirvientes como muestras de gratitud. Una vez, se dijo que le había obsequiado a un antiguo amante mil siervos en agradecimiento por los recuerdos.

Catalina hacía alarde de su insaciable apetito sexual, lo que era muy poco característico de las mujeres de la época. Según uno de sus amantes, el príncipe Gregorio Potemkin (Grigori Potiomkin), quien era diez años menor que ella, Catalina estaba a la búsqueda de "un joven viral… por el bien de sus salud". Los candidatos eran "probados" por sus leales damas de compañía, y la zarina tomaba entonces las recomendaciones ofrecidas por sus "expertas". Se convirtió en un hábito el "salir" con más de uno de sus "vremenshchiki" (hombres del momento) a la vez. Su promiscuidad luego inspiró rumores de que había muerto a causa de las heridas que resultaron por obligar a un caballo a montarla, pero desde entonces los historiadores han desacreditado el mito.

Entre sus favoritos estaba el hombre a cargo de los asuntos domésticos de su esposo, el carismático y bien educado chambelán real, Sergéi Saltykov. Se cree que Saltykov fue el primer amor verdadero de Catalina. En 1754, las oraciones de la zarina Isabel fueron escuchadas, cuando Catalina dio a luz a su primogénito, Pablo, y ese mismo año, la gente comenzó a acusar a Saltykov de ser el padre de Pablo, ya que se especulaba que Pedro era infértil. Algunos llegaron tan lejos como decir que la zarina Isabel no solo estaba al tanto del asunto, sino que en realidad había ordenado el nacimiento. Grigori Orlov y Estanislao Poniatowski, otros dos de los novios de Catalina, supuestamente engendraron otro niño y niña que no vivieron más de dieciséis meses, un hecho que se ocultó al público.

Catalina alimentó las llamas del rumor sobre Saltykov en sus propias memorias, pero los cronistas modernos creen que esto no fue más que un intento por ensuciar aún más el nombre de Pedro. Tres años después del nacimiento de Pablo, Catalina y Pedro produjeron otra hija, a quien llamaron "Anna Petrovna".

Otra forma en la que Catalina se distrajo de su matrimonio fallido fue nutriendo su mente brillante. Además de retozar con sus galanes, frecuentaba las bibliotecas reales y leía de principio a fin libros sobre literatura y filosofía alemana, romana y otras de Europa. Sus ideas políticas fueron moldeadas por los ideales de Pedro el Grande y las obras de Montesquieu, un renombrado abogado y filósofo francés.

Montesquieu

El Espíritu de las leyes, un tratado escrito por Montesquieu, tuvo un gran impacto sobre Catalina. Instaba a los gobernantes a "buscar un alma republicana", y el autor ilustraba su punto delineando la separación ideal de los poderes a semejanza de la monarquía inglesa. Basándose en los trabajos de Montesquieu, que tomaron prestados elementos del *Segundo Tratado sobre el Gobierno Civil* de John Locke, se puede lograr un equilibrio en el poder y la libertad mediante la ramificación de los poderes ejecutivo, judicial y legislativo.

A Catalina le interesaban particularmente los famosos eruditos de la Ilustración francesa, especialmente Diderot y Voltaire. Incluso instigó una amistad por correspondencia con este último que duraría quince años, hasta la muerte de Voltaire. Aunque nunca se verían en persona, la admiración que compartían el uno por el otro quedó bien documentada en sus cartas. Voltaire se dirigía a Catalina con nombres halagadores, como "La Estrella Brillante del Norte" o la "Semíramis de Rusia". Otro extracto de sus últimas cartas decía: "Si yo muriera en la carretera, pondría en mi pequeña tumba: 'Aquí yace el admirador de la augusta Catalina'".

Estas son solo algunas de las razones por las que Catalina ha sido aclamada como la "gobernante más letrada en la historia rusa". Más adelante exploraría un poco la escritura, como escritora fantasma, contribuyendo a obras satíricas y comedias publicadas anónimamente. Incluso mejor, ella era un camaleón que se mezclaba casi a la perfección con la cultura rusa, y sabía cómo demostrar exteriormente su nueva fe ortodoxa.

Menos de un mes después de la muerte de la zarina Isabel en 1761, Pedro subió al poder como el zar Pedro III. Para entonces la pareja había estado casada durante dieciséis años, pero su resentimiento mutuo solo se había intensificado. Hacía mucho que Pedro había desarrollado recelos en cuanto a la unión contra la que tanto había protestado. Algunos dicen que el resentimiento había surgido en una de sus primeras apariciones públicas como marido y mujer: Catalina lo había humillado al rechazar con frialdad el vaso que él levantó para brindar delante de todos sus invitados. Pronto se hizo evidente que sus sospechas sobre Catalina estaban justificadas. Antes de que Pedro se acomodara siquiera en su asiento real, los amigos de Catalina ya le estaban advirtiendo que se aferrara a su corona. Le informaron que Pedro había estado abiertamente contemplando el remover a Catalina del trono y reemplazarla con una de sus amantes. Temiendo por su seguridad, insistieron en que el tiempo corría y la instaron a huir, pero Catalina parecía enervada por la revelación. En cambio, permaneció calmada y se quedó donde estaba, y tal como lo predijo, permitió al insensato Pedro llevarse a sí mismo a causar su propio desmoronamiento.

Además de la muestra abierta de crueldad de Pedro hacia su esposa, que le ganó a Catalina la simpatía del público, su promoción de políticas pro-Prusia comenzó a repeler a quienes le rodeaban. La Iglesia tampoco estaba satisfecha con él, pues había confiscado sus tierras en una de sus demasiado ambiciosas reformas domésticas. No había transcurrido ni medio año de su reinado, cuando ya los líderes gubernamentales, eclesiásticos y militares habían llegado a un consenso: lo querían fuera. Catalina y su amante del momento, el teniente Grigori Orlov, organizaron un golpe. Su objetivo principal era expulsar a Pedro del trono, sentando en su lugar a Pablo, de 7 años, con Catalina como su regente. El 28 de junio de 1672, respaldada por las tropas reunidas por Orlov, Catalina logró persuadir a Pedro de que entregara la corona. Algunos días más tarde, Pedro fue encontrado estrangulado a muerte por uno de los participantes del golpe. Si Catalina estuvo envuelta o no en su fallecimiento, está aún abierto a debate.

Orlov

Como zarina, Catalina esperaba comenzar con el pie derecho con sus nuevos súbditos. Para mostrar su aprecio, así como para evitar que los militares se rebelaran contra ella en el futuro, promovió y otorgó obsequios a quienes la apoyaron durante el golpe. Devolvió las tierras previamente arrebatadas por su esposo, y reparó las relaciones con los líderes de la Iglesia. Catalina prometió defender la visión de Pedro el Grande para Rusia, y cimentó su devoción por él y por su propia palabra al erigir una bella estatua como homenaje a él, titulada el "Caballero (o Jinete) de Bronce".

Bajo el reinado de Catalina, Rusia entró finalmente a una edad dorada que tenía mucho tiempo en espera, y que desde entonces ha sido inmortalizada en inglés como la *Catherinian Era*, o una "Era Catalínica": para muchos la Edad de Oro de Rusia. Sus reformas más importantes giraron en torno a la educación y las artes. Así como Pedro el Grande, ella creía de todo corazón en que modernizar el sistema de educación ruso con ideales liberales europeos era la respuesta para crear "un nuevo tipo de persona". Catalina comenzó una campaña para diseñar un sistema que asegurara la educación para todos los rusos –excluyendo a los siervos– de edades entre 5 y 18 años. Para su consternación, el sistema no logró tener un efecto lo suficientemente poderoso, pero aun así, fundó la Casa de Niños Expósitos de Moscú para huérfanos pobres, así como el Instituto Smolny para Nobles Doncellas, una institución educativa para mujeres. También estableció una cadena de escuelas gratuitas en diversos pueblos rusos.

Catalina se ganó más admiradores al convertirse en una entusiasta defensora del arte, la literatura y la ópera. A mediados del siglo XVIII, descubrió que el gobierno francés estaba amenazando con no solo censurar, sino prohibir la publicación de la *Encylopédie*, también conocida como el *Diccionario razonado de las ciencias, las artes, y los oficios*, citando sus ideas ateas y propaganda "irreligiosa". Catalina aprovechó la oportunidad para invitar a los controversiales autores del libro, Denis Diderot y Jean le Rond d'Alembert, a Rusia, donde podían ser libres de escribir y publicar bajo la comodidad de su protección.

Por otra parte, Catalina no fue tan indulgente cuando se trató de publicaciones que manchaban su nombre. Tres décadas más tarde, el crítico social y autor Alexander Radischev publicó *Viaje de San Petersburgo a Moscú*. A menudo referido como la versión rusa de *La cabaña del Tío Tom*, el comentario político criticaba duramente a Catalina por sus defectos, señalaba los fracasos en su reinado y advertía sobre los potenciales levantamientos de los siervos. No mucho después de que el libro se hiciera público, Radischev fue exiliado a Siberia.

1764 fue el año en que Catalina comenzó su fenomenal colección de arte. Llegó a su primer acuerdo de compra con Johann Ernst Gotzkowsky, quien había estado buscando deshacerse de la gran cantidad de pinturas que había acumulado para el rey Federico II de Prusia, que ya no estaba interesado. Buscó compradores alternativos, y finalmente recurrió a los rusos cuando su creciente deuda lo había alcanzado. Para cubrir los costos de los numerosos depósitos de grano ruso que había pedido y prometido comprar, el comerciante alemán ofreció las pinturas a la Corona.

J.E. GOTZKOWSKY.

Gotzkowsky

Intrigada, Catalina aceptó la colección, que consistía en 225 de las 317 pinturas europeas (predominantemente flamencas y holandesas) en el paquete original. Después de una inspección, Catalina se dio cuenta de que las pinturas eran de "calidad desigual", ya que a Gotzkowsky, aunque era un hábil comerciante de sedas, carecía de experiencia en pinturas. No obstante, la zarina atesoró aquellas pinturas igualmente.

La colección única en su estilo también incluía creaciones de Rembrandt, Jacob Jordaens, Pablo Veronese, Frans Hals, Rubens y otros genios artísticos. Entre las más preciadas estaba la obra maestra de Rembrandt, Danaë, de 1636. Llamada así por su sujeto, la madre del héroe griego Perseo, la pintura representa a Danaë en toda su curvilínea y desnuda gloria, tumbada sobre una revuelta cama con dosel mientras le hace señas a Zeus, a quien se ve acechando en el fondo, para que se una a ella.

Otra obra era *"The Idlers"*, pintada por Jan Steen, quien era conocido por sus vívidas representaciones de la vida en la Holanda del siglo XVII y se especializaba en retratos de "grupos alegres en entornos caóticos". La pintura en cuestión muestra una pareja en una abarrotada taberna o fumadero de opio. Se ve a un pelilargo y desaliñado hombre, con una pipa encendida en la mano y una sonrisa delirante en su rostro. Junto a él, su compañera está noqueada completamente, desplomada sobre una mesa repleta de parafernalia.

Ese año se volvió a contratar a Yuri Felten, para construir otra extensión en el ala este del Palacio de Invierno, que sería presentada como el "Pequeño Hermitage". La primera de las nuevas estructuras en el complejo fue un edificio de dos pisos hecho de prístina piedra blanca, y construido con una combinación de las esquinas limpias del neoclasicismo, ventanas arqueadas de inspiración barroca, y columnas corintias que bordeaban la segunda capa de la construcción. Este se convertiría en el hogar de la floreciente colección de arte de Catalina, y en el complejo del Hermitage residiría una comunidad de más de mil personas, principalmente la familia imperial y sus sirvientes.

Entre 1767 y 1769, Jean-Baptiste Vallain de la Mothe añadió un encantador pabellón al Pequeño Hermitage. La adición venía con un salón de estado, o un salón de banquetes que servía de escenario para las celebraciones reales, y un primitivo invernadero. Su interior estaba adornado con acabados en pan de oro, columnas blancas surcadas, y brillantes candelabros.

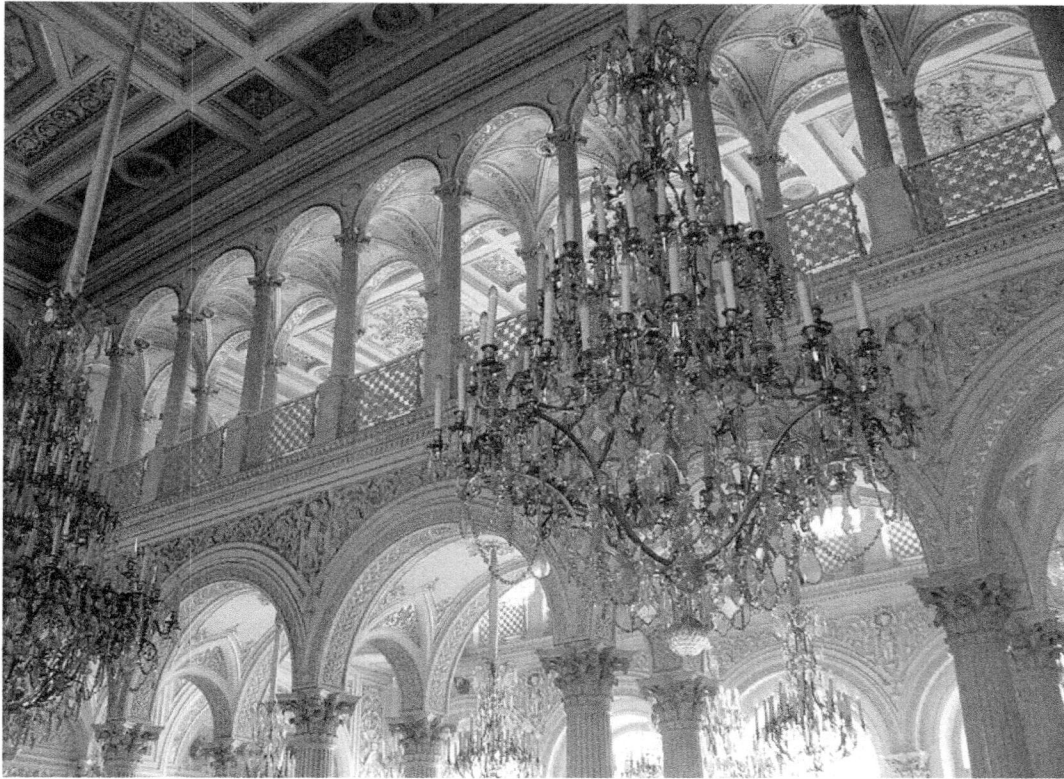

Sala del Pabellón en el Pequeño Hermitage

Los pabellones norte y sur del Palacio de Invierno estaban unidos por el "Jardín Colgante", una pasarela del segundo piso repleta de un laberinto de flores exóticas, setos, árboles en miniatura y otras follajes. Aquí, Catalina entretenía a pequeños grupos de invitados con obras teatrales y juegos, pero incluso a sus compañeros más confiables no se les permitía la entrada a sus salas de exhibición. Hasta 1775 se agregaron más galerías para albergar la expansiva colección de Catalina. Con el tiempo, la zarina se animó a la idea de visitantes, pero solo permitía visitas –monitoreadas de cerca– de un puñado de espectadores aprobados, a quienes se recibía en pequeñas dosis.

Para 1787, el complejo del Hermitage había recibido dos nuevas adiciones. Primero estaba el Gran (Viejo) Hermitage, que tardó dieciséis años en completarse, y se erigió justo al lado del Pequeño Hermitage. Con el nuevo edificio vinieron galerías más amplias, salones de exhibición y una biblioteca. A diferencia de las estructuras previas, el Gran Hermitage era de apariencia más rústica, con ventanas idénticas que recubrían la fachada de ambos niveles. Luego estaba el Teatro del Hermitage. La construcción de este proyecto se había ordenado cinco años antes, pilotada por el arquitecto italiano Giacomo Quarenghi. Del Teatro se dijo que había sido un modelo del neoclasicismo ruso de finales del siglo XVIII, y fue aderezado con esculturas y molduras que rendían homenaje a la literatura europea clásica. Las ventanas del primer piso estaban ornamentadas con dovelas de cabeza de león. Estatuas de famosos poetas y dramaturgos griegos estaban intercaladas entre la reluciente arcada de columnas en el nivel superior.

Teatro del Hermitage
Fotografía de A. Savin

Era tan asombroso por dentro como por fuera. Dentro del Teatro había un gran auditorio que recordaba a los anfiteatros de las antiguas Grecia y Roma, con una galería de asientos semicircular compuesta de seis bancas. Las lustrosas paredes estaban hechas de imitación de mármol. Las columnatas interiores estaban adornadas por máscaras de teatro clásicas, y el resto del teatro estaba decorado con más efigies y medallones estampados con los perfiles de dramaturgos europeos.

Catalina continuó diversificando su colección hasta el final de su reinado. La mayoría de estas colecciones habían sido legadas a las familias de notables coleccionistas, que apreciaban las ganancias por encima de las excepcionales reliquias familiares. En 1768, adquirió la colección del conde Karl von Cobenzl, un político de Bruselas. Este paquete consistía en una enorme colección de 4.000 pinturas y dibujos de los "Viejos Maestros", un término que se refería a los ilustres artistas de antaño, particularmente de entre los siglos XIII y XVII.

Un año después compró otra colección de un estadista polaco-sajón recientemente fallecido, Heinrich von Brühl. Estas 1.600 piezas surtidas, que incluían 1.000 dibujos únicos de Tiziano y Paolo Veronese, entre otros, así como 600 pinturas de Rembrandt, Rubens y Watteau, tenía un precio de 180.000 florines (aproximadamente 17.156.000 millones de dólares actualmente). Sus habilidades como coleccionista de arte solo se agudizaron con la edad. En 1772, con la ayuda de Diderot, Catalina superó a sus competidores en una subasta de arte, y adquirió con éxito la colección del coleccionista francés, Pierre Crozat.

Catalina pronto pasó también a la colección de artefactos, encontrando un aprecio especial por la joyería. Sus favoritas eran las gemas y camafeos grabados, que eran piezas de joyería más pequeñas que la palma de la mano de un niño pequeño, con un retrato elaboradamente tallado en el broche. Más adelante se construyeron vitrinas dedicadas a exhibir la extensa colección de joyas de Catalina. Posteriormente, la gran duquesa María Fiódorovna diseñó un camafeo con el retrato de Catalina la Grande, que se agregó desde entonces a la vitrina.

Para cuando murió esta déspota ilustrada, a mediados de noviembre de 1796, la zarina había acumulado más de 38.000 volúmenes de libros, 14.000 pinturas y dibujos de los Viejos Maestros, 16.000 monedas y medallas, y 10.000 gemas grabadas.

La expansión del Hermitage y su colección

"Al crear una obra de arte, la psique o el alma del artista asciende del reino terrenal al celestial… El arte se materializa así en sueño, separada de la consciencia ordinaria de la vida en vigilia". – Pável Florenski, teólogo ruso del siglo XIX

Los años que pasó Catalina preparando a su nieto, *Aleksandr Pávlovich*, no se desperdiciaron. El 23 de marzo de 1801, doce días después de un levantamiento violento en el palacio que resultó en el asesinato de Pablo, su padre, Alejandro, de veinticuatro años, heredó el trono. Fue conocido desde entonces como el zar Alejandro I de Rusia.

Alejandro I

Alejandro creía que era necesario algún control de daños. Exigió inmediatamente que los ejércitos cosacos fueran recuperados de la India, que estaba por entonces bajo el dominio británico, pero mientras se estaba reparando el puente entre Rusia y la India, las acciones del zar enfurecieron al dínamo militar francés, Napoleón Bonaparte. Como lo había planeado inicialmente el padre de Alejandro, Bonaparte había previamente decidido enviar sus propias tropas francesas para ayudar a los cosacos a capturar India. Con eso en mente, Alejandro no parecía demasiado preocupado por el disgusto de Bonaparte, ya que siempre había estado en desacuerdo con la forma descortés en que el general francés manejaba sus asuntos con los líderes italianos y alemanes. Afortunadamente, Alejandro y Napoleón acordaron dejar de lado sus diferencias con el "Tratado franco-ruso", firmado el 11 de octubre de 1801, y que garantizaba la paz entre todas las partes concernientes. Y así, se mantuvo la paz, al menos por los siguientes once años.

Napoleón Bonaparte

Desde el ascenso de Napoleón al poder en 1799, el legendario conquistador francés salió victorioso de una serie de batallas que le permitieron plantar sus banderas en diversos territorios a lo largo del continente. A principios del siglo XIX, Francia fijó su mirada en el imperio rúriko, y tras demoledores triunfos en Europa, Napoleón inició la *Campagne de Russie*, que se traduce a la "Campaña Rusa". El 24 de junio de 1812, Napoleón reunió una fuerza de unos 680.000 soldados del *Grande Armée*, el más "diverso ejército europeo desde las Cruzadas". Las tropas francesas cruzaron el río Niemen, enfrentándose a 200.000 de los hombres de Alejandro del otro lado. Los hombres de Napoleón superaban fácilmente en número a los de Alejandro, lo que el general francés sabía que sería ventajoso durante el proceso de negociaciones. Esperaba convencer al zar ruso de cortar las relaciones comerciales con el Reino Unido. Si todo encajaba en su lugar, los británicos pedirían la paz y Rusia accedería a retirarse de Polonia.

Como había pronosticado Napoleón, sus hombres capturaron la ciudad de Vilna con facilidad tan solo tres días después de pisar suelo ruso, pero esa misma noche, las celebraciones de los soldados franceses fueron interrumpidas por una tormenta inesperada y terrible como ninguna, y en cuestión de minutos Vilna se vio inundada de torrentes de lluvia helada, seguidos de un bombardeo fatal de granizo que mató a varios soldados de caballería y sus caballos. Incluso en medio de este berrinche de la Madre Naturaleza, Napoleón continuó sin desalentarse. Para reanimar a sus descorazonados hombres, proclamó: "He venido de una vez por todas para acabar con estos bárbaros del Norte. La espada está ahora desenvainada. Deben ser empujados de vuelta a su hielo, para que por los próximos veinticinco años no vuelvan a ocuparse de nuevo con los asuntos de la Europa civilizada". Parecía que, a pesar de los grandes pasos que había dado Rusia desde Iván el Terrible, la nación seguía siendo una paria.

A medida que pasaron los meses, Rusia contaba con una espesa niebla aparentemente impenetrable de artillería y fuego de cañón. Las calles desiertas estaban hechas ruinas silenciosas, con cientos de edificios rusos parcial o completamente carbonizados. Un zumbido permanecía en el aire, dejado por el rugido de tres estallidos de cañón y siete disparos de mosquete que sonaban por segundo. Hasta 70.000 hombres habían perecido en batallas en Smolensk y Borodino.

Cuando lo que quedó del Grand Armée entró en Moscú el 14 de septiembre, la ciudad ya había sucumbido al caos. Anticipando el ataque que se avecinaba, la mayoría de sus habitantes ya habían sido evacuados. Las hambrientas tropas francesas saquearon las casas de los ricos y desperdiciaron lo poco que había disponible de comida y licor. Alrededor de un mes después, las nevadas y fríos vientos ahuyentaron a las tropas francesas.

En esta coyuntura, a Napoleón le quedaban 100.000 hombres. Anticipando una victoria holgada, Prusia, Austria y Suecia intervinieron para extinguir a las últimas fuerzas francesas. Fue solo después de sufrir una debilitante derrota en la Batalla de Leipzig que Napoleón se dio cuenta de que el final estaba cerca. Para marzo de 1814, París había sido tomada y el general francés había sido desterrado a la isla italiana de Elba. David Bell, profesor en la Universidad de Princeton, hizo un comentario apropiado acerca de la conclusión de la fallida conquista de Bonaparte de los 'barbáricos hombres de hielo del norte': "Carlos XII lo intentó, Napoleón lo intentó, Hitler lo intentó. Invadir Rusia nunca parece funcionar".

El 9 de junio de 1815, según lo decidido en el Acta Final del Congreso de Viena, Alejandro se convirtió en el primer rey ruso de Polonia. Más tarde ese año, Alejandro estableció la Santa Alianza, un documento de mutuo consentimiento que requería que los gobernantes de Austria, Prusia y Rusia defendieran los principios cristianos. Desde ese punto en adelante, las reformas de Alejandro solo se harían más conservadoras, reorientando a Rusia hacia sus viejas costumbres anticuadas y tradicionalistas.

Su paranoia empeoró hacia el final de su reinado. Revocó muchas de las políticas progresistas que había establecido previamente. Saneó las escuelas rusas de maestros extranjeros y remodeló el plan de estudios para que reflejara sus puntos de vista ultraortodoxos y políticamente conservadores. Temiendo la retribución por parte de antiguos rivales conquistados y revueltas de su pueblo cada vez más inquieto, el zar creó los primeros asentamientos militares en el país, que eran esencialmente comunidades de soldados y campesinos casados, entrenados en las artes de la agricultura y la guerra.

Aunque el progreso social en Rusia se había pausado bajo la administración de Alejandro, la preciosa colección de arte de Catalina continuó aumentando. La ex esposa de Napoleón, Josefina de Beauharnais, era una coleccionista de arte tan ávida como lo había sido Catalina. Su colección, que había compilado amorosamente durante su matrimonio fue albergada luego de su divorcio en el Castillo de Malmaison. Ya que la pareja se había separado en términos relativamente amistosos, Napoleón le había permitido conservar la mansión que tanto adoraba.

Josefina

El _Château de Malmaison_

El _château_ era un pedacito de paraíso por derecho propio, con jardines fructíferos, fragantes flores y pequeños animalitos arrastrándose por ahí. Tan pronto como los visitantes de Josefina atravesaban el umbral, eran recibidos por un impresionante tesoro de esculturas, muebles, pinturas, joyas y otras impactantes antigüedades. Incluidos en su colección de 400 piezas estaban originales de Rembrandt, Van der Werff, Claude Laorrain y Gabriël Metsu. La mayoría de estas obras maestras había sido comprada, y la otra fracción, fueron obsequios de las conquistas de Napoleón.

Tras el exilio de Napoleón a Elba, a Josefina comenzó a preocuparle perder sus títulos y propiedades ante el zar ruso, así que cuando Alejandro la visitó en el castillo en mayo de 1814, ella tenía preparado algo para él, esperando que las cosas salieran a su favor. Con brillo en los ojos, Josefina le reveló, acunado entre las palmas de sus manos, el camafeo Gonzaga, que había pertenecido al papa Pío VI antes de que le fuera robado. El colgante de sardónice, que data del siglo III AEC, era excepcionalmente grande para su tipo, con un doble retrato de los monarcas egipcios Ptolomeo II y Arsínoe II, y las minúsculas cabezas de Fobos y Medusa en el cuello de su vestido.

Alejandro aceptó con gusto el camafeo, pero un regalo así era redundante, pues él nuca tuvo la intención de quitarle nada en primer lugar; más bien, solo había estado interesado en entablar amistad con ella. Se hicieron amigos rápidamente, y continuaron escribiéndose hasta la abrupta muerte de ella más tarde ese mes. Manteniéndose fiel a su palabra, se aseguró de que los descendientes de Josefina estuvieran bien cuidados, no solo permitiéndoles conservar sus títulos, sino concediéndoles grandes fortunas.

Un año después, Alejandro compró a los herederos de josefina 38 pinturas y cuatro esculturas de Canova, que ascendieron a un total de 940.000 francos (aproximadamente 3.478.000 USD). Poco después, adquirió otras quince pinturas –esta vez, de origen español– de la colección de Ámsterdam de Josefina mediante intermediarios, por 100.000 florines (9.531.000 USD). Fue entonces cuando el Imperio ruso alcanzó otro hito cultural: poseer la mayor colección de Rembrandt del mundo.

En 1820, Alejandro ordenó la construcción del Edificio del Estado Mayor. Fue construido en lugar de las casas privadas que pronto serían demolidas a lo largo de la Plaza del Palacio y el río Moika en San Petersburgo. Karlo Rossi, un arquitecto ruso que aprendió su oficio en Italia, fue asignado para administrar el proyecto. Los planos de Rossi presumían de un arco que conectaría al nuevo edificio de cinco pisos y sus cinco patios con el componente central del Palacio de Invierno. Este arco, diseñado por Stepan Pimenov y Vasily Demuth-Malinovsky, hizo más que solo mejorar la estética del complejo: simbolizó el triunfo de Rusia en la guerra de 1812. Las columnas del arco estaban adornadas con estatuas de ángeles alados y soldados en equipo completo, y sobre su corona, una sublime escultura de la Diosa de la Gloria desplazándose sobre el Carro de la Victoria.

Edificio del Estado Mayor
Fotografía de Wolfgang Moroder

El Edificio del Estado Mayor combinaba muy bien con los edificios existentes, y era otra obra de arte permanente en sí mismo. En contraste con la fachada austera y monótona del edificio, su espléndido interior tiene columnatas decorativas y maravillosos murales pintados a mano sobre lienzos en sus techos altos. Cuando se completó la construcción en 1830, funcionarios del gobierno se mudaron al palacio, estableciendo las oficinas de los ministerios de Finanzas, Asuntos Exteriores y otras oficinas relacionadas.

Por desgracia, Alejandro no vivió para ver en toda su gloria al Edificio del Estado Mayor, pues murió de tifus el 1ero de diciembre de 1825. Algunos teorizaron que la presión finalmente lo había quebrado y había huido de su reino y asumido la identidad de Fiódor Kuzmich, un monje convertido en santo que fue luego canonizado por la Iglesia Ortodoxa Rusa. Sea como fuere, trece días después el noveno nieto de Catalina, el duque Nikolái Pávlovich, subió al trono como el zar Nicolás I.

El zar Nicolás I

Nicolás se llevó el impacto de su vida cuando se enteró de que era el siguiente en línea para el trono. Era lo suficientemente consciente de sí mismo como para darse cuenta de que carecía de la experiencia militar y política que el puesto requería. Incluso más horrorizados estaban los generales militares rusos, de quienes se sabía que habían "golpeado cabezas" con el zar Nicolás por sus obstinados métodos, que siempre buscaban fallas y culpas.

Si bien sus reformas constitucionales y ferviente promoción de la autocracia rusa no le sentaron bien a sus súbditos, él, también, encontraba importante promover el liderazgo de la nación en la carrera cultural. En 1829, compró treinta pinturas más a la hija de Josefina, Hortensia. Más Adelante, la hija de Nicolás, María Nikolaevna, se casó con el sobrino de Josefina, Maximiliano de Beauharnais, y Maximiliano heredaría su parte de la colección de Josefina, que incluía piezas históricas de mobiliario, plata, porcelana, bronces y tapices. Estos artefactos fueron luego transferidos por un tiempo al palacio Mariinsky en San Petersburgo, que Nicolás construyó y nombró en honor a su hija, antes de pasar a otras casas como reliquias familiares.

La tragedia cayó sobre el Palacio de Invierno en diciembre de 1837. Cuando columnas de humo comenzaron a salir del sistema de ventilación del Salón Mariscal de Campo, el palacio cayó en pandemonio. Aquellos que estaban adentro fueron rápidamente escoltados fuera de las instalaciones, solo para ser empujados a un lado por los bomberos que llegaban a la escena. A pesar de sus mejores esfuerzos, las crepitantes llamas ardieron durante tres días más antes de que pudieran ser apagadas. Si bien casi todas las exhibiciones se habían recuperado, en su mayoría indemnes, incluidos el trono imperial, estandartes de guardias y pinturas de la Galería Militar, el interior del palacio estaba destruido. Peor aún, se dijo que treinta guardias perdieron la vida en el incendio.

El salón del trono

Vasili Stásov y Aleksandr Briulov fueron encomendados con la reconstrucción de las secciones estropeadas de la fachada del palacio y las salas de desfiles, y su interior, respectivamente. Para 1839, el cambio de imagen del palacio había resultado en paredes de piedra y ladrillo resistentes al fuego, y escaleras nuevas hechas de piedra y hierro forjado. La Escalera Jordán en el Salón Mariscal de Campo, una belleza en mármol blanco apoyada sobre un trío de arcos, estaba entre las restauraciones más elogiadas de la pareja de arquitectos. La habitación que alberga la llamada "escalera imperial" tenía tramos divididos y alfombrados en rojo realeza, candelabros de bronce, más adornos en pan de oro y un mural de dioses olímpicos pintado a lo largo de la extensión del techo.

El Salón Armorial, hecho para celebrar ceremonias reales y que abarca mil metros cuadrados de tamaño, también fue rediseñado. Stásov instaló elegantes pisos de madera, candelabros incrustados con joyas, columnas de flauta doradas y estatuas de tamaño natural, y las paredes recibieron una nueva capa de pintura blanca. En total, las renovaciones ascendieron a 100.000 rublos (2.879.000 USD).

Entre 1840 y 1843, Stásov fue empleado de nuevo para comenzar otra ronda de renovaciones en el Pabellón sur del palacio. Mientras tanto, el arquitecto alemán Leo von Klenze, fue puesto a cargo de la construcción de un nuevo edificio diseñado específicamente para almacenar exhibiciones y también acomodar a los visitantes de un museo público. El proyecto, conocido como el "Nuevo Hermitage", fue supervisado por Stásov y Nikolái Yefímov. Un pórtico señorial sirvió como la entrada al nuevo edificio, sostenido por columnas cuadradas y majestuosas esculturas de granito de apuestos hombres sosteniendo el techo, o como se conoce en el mundo de la arquitectura, "Atlantes".

El Nuevo Hermitage

Klenze anunció la culminación del Nuevo Hermitage en 1851. El año anterior, Nicolás había adquirido otra colección de Cristoforo Barbarigo en Venecia, que incluía cinco nuevas pinturas de Tiziano, todas en perfectas condiciones. Entre las preciadas pinturas al óleo estaba la "Magdalena penitente". La doncella bíblica es mostrada mirando hacia el cielo con una mano presionada contra su corazón y su vestido cayendo a un lado de su hombro, con los ojos llenos de arrepentimiento y los labios entreabiertos.

El 5 de febrero de 1852, el Nuevo Hermitage abrió sus puertas para la vista del público por primera vez. La gran inauguración estuvo a la altura de su nombre, ciertamente, y atrajo a cientos de visitantes que impacientemente hacían filas para un recorrido. Después de una especie de ceremonia de corte de listón, las festividades continuaron en el Teatro del Hermitage, donde los estimados invitados fueron agasajados con un concierto y una obra de teatro, seguidos por un banquete para 600 en el Salón del Tragaluz. Ese año, se estableció la exhibición egipcia, compuesta en gran parte de artefactos proporcionados por Maximiliano, el yerno del zar.

Para reforzar las medidas de seguridad, Nicolás emitió las "Directrices para la gestión del Patrimonio imperial", que fueron publicadas un año antes de la apertura del museo. En este manifiesto había una lista del personal cuidadosamente diagramada, las normas de admisión, e incluso consejos para maximizar la exposición del museo. En 1863, se renovaron los empleados con nuevas caras; el museo también nombró a su primer director, S. L. Gedeonov. Tres años después, Gedeonov decidió eliminar por completo las tarifas de entrada. Esta riesgosa movida pronto demostró haber valido la pena, pues las tasas de admisión se dispararon. Para 1880, el Nuevo Hermitage estaba recibiendo por lo menos 50.000 visitantes únicos anualmente.

Reconvertido

"Es mejor abolir la servidumbre desde arriba que esperar a que se abole ella misma desde abajo". – Zar Alejandro II, discurso en 1856

A principios de marzo de 1855, tan solo tres años después de la inauguración del Nuevo Hermitage, el zar Nicolás I murió por complicaciones de neumonía. Más tarde ese día, su hijo, Alejandro Románov, fue elegido para sucederlo, y en agosto de ese año fue coronado en Moscú como el zar Alejandro II. Aunque había recibido la corona en medio de la agitación de la Guerra de Crimea, Alejandro estaba decidido a luchar por la paz y la libertad para la gente de su imperio. Desde el primer momento condenó la guerra que él nunca comenzó, y luchó para acabar con las llamas del conflicto antes de que pudiera propagarse. Un año después, la guerra fue finalmente cortada de raíz con el Tratado de París de 1856.

Alejandro II en el Palacio de Invierno

Rusia puede haber perdido la guerra, pero las alas del imperio solo se expandirían más bajo el reinado de Alejandro. Adicionó con éxito a su imperio nuevos territorios en el Cáucaso, así como en Asia Central y Oriental, y allanó un nuevo camino para Rusia con sus múltiples reformas. El año en que la Guerra de Crimea llegó a su fin, Alejandro fundó un comité especial que se ocuparía de la "Consideración de las Condiciones de los Campesinos". Un año después, se terminaron los asentamientos militares.

Alejandro hizo su objetivo introducir una carta de reforma cada año. Luego introdujo métodos de transparencia presupuestaria, juicio por jurado y reclutamiento universal, y pidió la abolición del castigo corporal. Además, creó un refinado sistema bancario y de crédito e instituyó nuevas políticas que permitieron que las empresas y comerciantes independientes prosperasen. También jugaría una mano en la ampliación de las libertades de la universidad y la prensa.

La más poderosa de las reformas de Alejandro vendría con una carta publicada en marzo de 1861, conocida como el "Manifiesto de Emancipación". Al igual que su padre, Alejandro siempre había criticado abiertamente el anticuado sistema de servidumbre, que unía forzosamente a los esclavizados siervos rusos a sus propietarios. Cabe decirse que los siervos rusos, que constituían más de un tercio de la población, diferían de los esclavos estadounidenses tradicionales; estos últimos eran vistos como posesiones "desechables" que pertenecían personalmente a sus amos, mientras que los siervos debían someterse a los propietarios mientras vivieran en su tierra.

El Manifiesto de Emancipación vino con diecisiete decretos legislativos, o como fueron conocidos como un todo: "Regulaciones concernientes a los campesinos que dejan la dependencia servil". La carta no solo exigía la liberación de los siervos tanto en los hogares como en las propiedades privadas, sino que les otorgaba todos los derechos de los ciudadanos libres. Ahora podían comprar sus propios lotes de tierra y negocios, y casarse como quisieran, sin el consentimiento que antes se requería de sus propietarios u otras figuras de autoridad.

1861 fue un año bendecido en más de un sentido. Hacia el final del año, el director del Hermitage, Stepan Gedeonov, completó otro gran pedido con el gobierno papal en el Vaticano. La colección del marqués Giampietro Campana, reunida por el presidente romano del Banco Monte di Pietá, vino con una escandalosa historia de origen. Según cuenta la historia, Campana, otro entusiasta del arte, permitió que su *hobby* lo consumiera. Tan pronto como se descubrió que el banquero había malversado fondos para impulsar su pasión, todo se derrumbó sobre él. Las propiedades de Campana fueron rápidamente arrebatadas por el gobierno. El banquero fue sentenciado a veinte años de trabajo forzoso, pero en su lugar fue exiliado, gracias a la gran simpatía del público. Para saldar las deudas de Campana, el papado subastó su preciada colección. En total, el Hermitage adquirió 500 jarrones, 200 esculturas de bronce y cientos de estatuas de mármol del catálogo de Campana. Había incluida una estatua gigante del dios romano Júpiter, así como las nueve musas de Grecia y la Regina Vasorum, una hidria o vasija de cerámica procedente de Cumas, de siglos de antigüedad, cubierta con pan de oro, laca negra y figuras individuales de los dioses eleusinos.

A lo largo de los años se agregaron más colecciones y piezas de arte a las múltiples exhibiciones. Cuatro años más tarde, Alejandro compró la "Madonna Litta", un supuesto original de Leonardo da Vinci que representaba a la Santa Madre amamantando al Niño Jesús. En 1870, Gedeonov compró otra pintura con un tema similar: la obra maestra de Rafael, "La Virgen y el

Niño". Esta pintura al temple, que muestra a María balanceando en una mano al Niño y en la otra un libro abierto, costó 310.000 francos (1.150.000 USD).

Tras el asesinato de Alejandro II en 1881, la corona rusa pasó a su hijo, Alejandro III, pero la expansión del Hermitage continuó avanzando constante, hasta bien entrado el siglo XX. En 1884, Alejandro III aseguró la colección de A. P. Basilewski por 6 millones de francos (22.200.000 USD). Durante las cuatro décadas que estuvo en París, el diplomático ruso había construido un tesoro de maravillas de la Europa renacentista y medieval, que incluía artefactos bizantinos, cristianos, góticos y románicos de los siglos XII al XVI. Un años después, fue transferida al Hermitage la colección imperial del arsenal de Tsárskoye Seló (Villa de los Zares), que contenía herramientas, armas y armaduras de Rusia y Asia.

En noviembre de 1894, el hijo de Alejandro III, Nikolái Aleksándrovich Románov, reemplazó a su padre en el trono como el zar Nicolás II. Una década después, Nicolás ordenó el desalojo de todos los residentes del Palacio de Invierno, mientras que la residencia imperial fue formalmente reubicada al Palacio de Alejandro (Palacio Aleksandr) en el conjunto de palacios y parques de Tsárskoye Seló, al sur de San Petersburgo. En adelante, el Palacio de Invierno solo se usaría para ceremonias oficiales.

En 1912, María Benois, la esposa de un arquitecto local, decidió vender una pieza de Leonardo da Vinci que le había regalado su padre. La pintura, titulada simplemente "Virgen con el Niño y flores" (*Madonna and the Child*), otra versión de la Virgen María y su hijo, mostraba a la aureolada pareja jugando alegremente, con el regordete bebé sentado sobre el regazo de su madre. Un comprador de Londres había ofrecido a Benois 500.000 francos (1.850.000 USD) por la pintura, pero cuando ella supo que el Hermitage estaba luchando por recaudar fondos para superar la oferta de sus competidores, decidió desprenderse de su herencia a un precio descontado, como un "gesto de buena voluntad". Dos años después, el Hermitage compró la pieza por 150.000 rublos.

El 10 de octubre de 1915, un año después del estallido de la Primera Guerra Mundial, el Palacio de Invierno fue convertido en un hospital, que sería usado por la Cruz Roja. Todos los salones de aparato, con la excepción del Salón de San Jorge, fueron temporalmente remodelados para ajustarse a los requerimientos del centro de salud improvisado. Las salas estaban equipadas con suficientes camas, instalaciones quirúrgicas y equipos médicos para atender a 1.000 pacientes, financiado por el zar Nicolás II. La Cruz Roja era responsable de organizar el personal médico en el palacio, el cual constaba de un doctor en jefe, 120 camilleros, 50 enfermeras, 34 cirujanos, 26 empleados suplementarios y 10 administrativos para lidiar con el papeleo. Además de eso, había otro equipo a tiempo parcial, conformado por oculistas, otorrinos, laringólogos y terapeutas. Se decía que el ala en el palacio destinada para los soldados era la más avanzada en el hospital, pues utilizaba las técnicas médicas y quirúrgicas más innovadoras –y en ocasiones, aún no probadas– de la época.

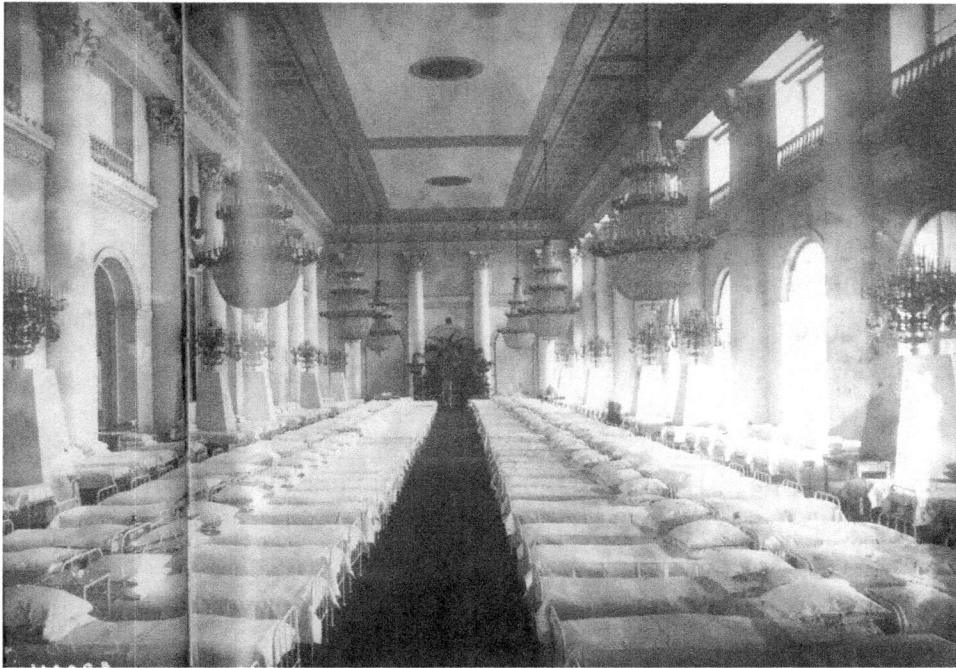

La sala del hospital

El 27 de octubre de 1917, fuerzas opositoras irrumpieron en el palacio. Mientras las tropas rivales hacían estragos dentro del hospital, el personal se apresuraba a reunir a los pacientes y sacarlos a un lugar seguro. Cuando los invasores finalmente salieron del palacio al terminar el día, el resto de los pacientes fue transferido a hospitales cercanos. Con las puertas del palacio dañadas y la seguridad de los vulnerables pacientes y del personal comprometida, el hospital cerró sus puertas once días después.

Ese año, Rusia fue golpeada por dos revoluciones. La primera, conocida como la Revolución de Febrero, vio demostraciones masivas que duraron ocho días. Los manifestantes denunciaban al régimen opresor del monarca autocrático, las deplorables condiciones de trabajo de los trabajadores urbanos, y el trato aborrecible de los campesinos, entre una miríada de otras quejas. Las fuerzas rebeldes del ejército ruso decidieron aliarse con los manifestantes, lo que condujo a la renuncia forzada del soberano ruso. El 15 de marzo de 1917, el zar Nicolás II entregó su corona. Este no solo fue el fin de la dinastía Románov, sino que Nicolás pasaría a la historia como el último emperador de Rusia.

Después de la Revolución de Octubre, también conocida como la "Revolución Bolchevique", el Palacio de Invierno y el Hermitage Imperial fueron oficialmente declarados museos estatales, y unificados como uno.

Preservación perpetua

"El esqueleto es todavía imperial, aun cuando falta gran parte de la piel". – John Gunther, Inside Russia Today, 1962

Cuando la Primera Guerra Mundial llegó a su final, las colecciones privadas de arte en todo el país fueron divididas y distribuidas entre los museos estatales. Esto significó que las exhibiciones del Hermitage solo continuaron creciendo, recibiendo nuevos cargamentos de espectáculos históricos de los palacios Aleksandr, Catalina, Stroganov y Yusupov. Fue en este punto que el pueblo ruso comenzó a sentir la gravedad de cuán importantes eran realmente las irremplazables colecciones del Hermitage.

En 1922, fue transferida al Hermitage una serie de pinturas de la Galería Kushelevskaya de la Academia de Bellas Artes. Entre ellas estaba incluida "El Rey de los Frijoles", de Jacob Jordaens, que representa el festival de los Tres Reyes Magos. El "Rey de los Frijoles" es visto sentado en el centro de la escena, la cara sonrojada por la embriaguez, y una copa de cristal en la mano. A juzgar por la tarta a medio comer frente a él, ha ganado el juego. En torno a él se ve a su "corte", que incluye una reina, un chambelán, un bufón, un cocinero, un músico y demás, animándolo.

Otra pieza en esta emocionante colección era el "Ángel de la Muerte", pintada por el artista francés Horace Vernet. Esta inquietante, pero delicada pieza muestra a una hermosa doncella de largos cabellos dorados en un camisón blanco, sostenida en el abrazo del ángel de la muerte. La Muerte viste una túnica negra con capucha y un par de alas a juego, pero está ausente la guadaña, típica del personaje de tipo Parca que era más popular entre los artistas de la época. Los ojos de la moribunda doncella están cerrados, su expresión es la imagen de la serenidad. El otro hombre joven representado, presumiblemente el amor de su vida, exhibe emociones contrariadas, arrodillado al pie de la cama con la cabeza inclinada en urgente plegaria.

Aquel fatídico año también marcaría otra página en la historia de Rusia. El 30 de diciembre de 1922, se estableció la Unión de Repúblicas Socialistas Soviéticas (URSS). También conocida como la Unión Soviética. El formidable imperio comunista declaró su autoridad absoluta sobre los territorios de Rusia, Ucrania, Bielorrusia y la República Democrática Federal de Transcaucasia, es decir, Georgia, Armenia y Azerbaiyán. Fue la primera de su tipo en basar sus políticas únicamente en los principios del socialismo marxista. Rusia, junto con el resto de la URSS, era ahora un estado socialista unipartidista, bajo la gobernanza del Partido Comunista Ruso, fundado por Vladimir Lenin. En 1922, Iósif (o José) Stalin fue instalado como el Secretario General del Comité Central del Partido Comunista de la Unión Soviética, un cargo que ha sido descrito como "sinónimo con el 'Líder de la Unión Soviética'". En las décadas siguientes, la expansión de la URSS continuó evolucionando, envolviendo entre sus tentáculos a unas quince repúblicas en total. Uzbekistán, Estonia, Moldavia, Kazajstán, Kirguistán, Turkmenistán, Tayikistán, Letonia y Lituania, se agregaron más tarde a los territorios del imperio.

En esta etapa, Rusia se había unido al resto de Europa, y estaba en la plenitud de la Era Industrial del siglo XX. Como el tiempo lo diría, esta era una espada de doble filo, pues la nación trabajó arduamente para competir con las demandas de la rápida industrialización generalizada. Esta fue una de las facetas principales de la primera versión de Stalin del "Plan de Cinco Años" de la Unión Soviética. Era una especie de último recurso, puesto que Stalin ya había ordenado la confiscación de muebles, joyas, colecciones de arte y otros objetos de valor y propiedades, tanto de la Iglesia como de la nobleza rusa.

En febrero de 1928, tanto al Museo Estatal Ruso como al Hermitage Imperial se les encargó la tarea de compilar una lista de pinturas, artefactos y otras obras de arte que estuvieran dispuestos a "contribuir" por el bien de una "Rusia mejor". Cada lista debía sumar 2 millones de rublos, y sus ganancias debían entregarse al estado. Para asegurar transacciones sin problemas y la máxima eficiencia, se estableció el "Antiquariat", para supervisar todos los intercambios y asesorar a los directores de las juntas de los museos. Con el tiempo corriendo en su contra, Stalin se apresuró a acelerar las ventas, exigiendo que los museos movieran sus "productos", y rápido. Con todo, al Hermitage se le hizo desprenderse de unas 250 pinturas a, por lo menos, 5.000 rublos cada una.

La primera oferta internacional vino de Calouste Gulbenkian, un acaudalado hombre de negocios armenio establecido en Gran Bretaña, muy afamado por la fundación de la *Iraq Petroleoum Company*. Gulbenkian se negó a pagar en efectivo por las primeras piezas que adquirió del Hermitage, eligiendo en su lugar pagar con petróleo. Esto pronto irritó al director del museo, quien no trató más con Gulbenkian.

La terrible venta, que se hizo operativa aproximadamente en 1932, ha sido descrita como "el más difícil periodo en la historia del Museo del Hermitage". Aquellos en el museo sintieron físicamente el dolor de ver las invaluables obras maestras, sin importar su tamaño, venderse a precios prácticamente criminales. Lo que es aún más vergonzoso, se dice que funcionarios del Comisariato de Comercio Exterior tomaron pinturas, esculturas, artefactos –a veces incluso colecciones enteras– como les plació, y los presentaron como obsequios a funcionarios del gobierno y aliados extranjeros. Los que eran "amigos de la Unión Soviética" también recibieron, como creían los del Hermitage, un inmerecido descuento.

Se dice que muchos entre el personal hicieron todo lo que pudieron para desacelerar las ventas. Algunos hablaron mal del arte, y otros fingieron menospreciar las piezas que los posibles compradores estuvieran ojeando, con la esperanza de frustrar una venta. Hubo incluso quienes despegaron pinturas de sus exhibiciones y quitaron artefactos de sus pedestales, guardándolos para su custodia.

Durante todo el proceso de la venta del Hermitage, Joseph Orbeli, quien pronto se convertiría en el director del Hermitage, escribió una serie de cartas que criticaban la venta del arte del museo, comparándola con la decadencia de la cultura rusa. En 1934, Stalin finalmente accedió a cancelar la venta. Para entonces, 2.880 pinturas del Hermitage ya habían sido enviadas al exterior. 250 de estas piezas estaban clasificadas como grandes obras de los Viejos Maestros, y otras 50 como "obras maestras mundiales". Si bien el museo logró recuperar en las siguientes décadas una parte de lo que se había perdido, 48 de las obras maestras mundiales se perdieron para siempre. Entre estas últimas había piezas originales de Tiziano, Watteau y Rembrandt, así como varias piezas de la colección de oro escita.

El 25 de diciembre de 1991, la ondulante bandera carmesí y dorada de la Unión Soviética se izó sobre el Kremlin por lo que sería la última vez. Pocos días antes, se había llevado a cabo una cumbre en la ciudad de Alma-Ata (ahora Almatý), en Kazajistán, con la presencia de representantes de once de las repúblicas de la URSS. Allí, expresaron su decisión colectiva de retirarse de la Unión Soviética. Por fin, la Unión Soviética ya no existía. Ese mismo día, el desilusionado presidente soviético, Mijaíl Gorbachov, presentó su renuncia. Y ese fue el largamente esperado fin de esta aterradora y a menudo espantosa era.

El nuevo Parlamento de la Federación de Rusia emitió una ley que prohibía la venta al extranjero de tesoros nacionales de arte. Las autoridades del Hermitage trabajaron para subsanar las inestables relaciones con otros museos, y suavizar la naturaleza tensa y competitiva que la industria engendraba naturalmente. Mijaíl Potrovski, el director del Hermitage, alentó una especie de programa de préstamos en el que participaran museos locales y extranjeros. En los años siguientes, la Galería Nacional de Arte en Washington, D. C., se convertiría en uno de los participantes más entusiastas del programa. Intercambiaron una cantidad de sus pinturas con el museo ruso, incluidas algunas que habían sido compradas por el banquero estadounidense, Andrew Mellon, durante la venta del Hermitage.

Hoy en día, el Museo del Hermitage en San Petersburgo sigue ocupando un lugar destacado en la lista de los museos de arte más grandes del mundo. El museo abarca seis edificios a lo largo del río Neva: su complejo principal, la maravilla blanca y azul que es el Palacio de Invierno; el Palacio Ménshikov, el Centro de Restauración y Almacenamiento en Staraya Derevnya, y el bloque este del Edificio del Estado Mayor. Contiene más de tres millones de tesoros individuales, y contando, que datan desde la Edad de Piedra hasta piezas contemporáneas del siglo XX. Nada menos que 120 salas en el museo están dedicadas exclusivamente al arte de Europa Occidental, exhibiendo las obras de Vincent van Gogh, Picasso, Tiepolo y otros prodigios del mundo del arte.

La familia del Hermitage también se ha expandido. Además de albergar a más de 70 gatos residentes, el museo está ahora vinculado con ocho galerías hermanas, que incluyen el Hermitage Ámsterdam, Hermitage Barcelona, Ermitage Italia, el Museo Guggenheim Hermitage en la capital lituana de Vilna, y más. Como es de esperarse, el Hermitage sigue siendo uno de los lugares turísticos más visitados de toda Rusia. En 2016, el museo batió un nuevo récord al registrar un total de 3.688.031 visitantes, sobrepasando al año anterior por más de 300.000.

Sobra decir que no sorprende que esos números continúen subiendo.

Recursos en línea

Otros libros sobre historia rusa por Charles River Editors

Otros libros sobre el Hermitage en Amazon

Lecturas recomendadas

Autores, The State Hermitage Museum. "Hermitage in Facts and Figures" [El Museo Estatal del Hermitage. "El Hermitage en hechos y cifras"]. El Museo Estatal del Hermitage, 2007. Web. 1ero de mayo, 2017. <https://www.hermitagemuseum.org/wps/portal/hermitage/about/facts_and_figures>.

Autores, San Petersburgo . "The Winter Palace" *Saint Petersburg*. Saint Petersburg.Com, 2014. Web. 1ero de mayo, 2017. <http://www.saint-petersburg.com/palaces/winter-palace/>.

Editores, Castles and Palaces of the World. "Winter Palace (Zimni Dvorets)." *Every Castle - Castles and Palaces of the World* [Castillos y Palacios del Mundo. "Palacio de Invierno (Zimni Dvorets)". Todos los castillos: castillos y palacios del mundo. Every Castle, Ltd., 2015. Web. 1ero de mayo, 2017. <http://www.everycastle.com/Winter-Palace.html>.

Siegal, Nina. "A Hermitage Amsterdam Show Looks Closer at Catherine the Great." [Una muestra del Hermitage Ámsterdam mira más de cerca a Catalina la Grande] *The New York*

Times. The New York Times Company, 8 Sept. 2016. Web. 1 Mayo 2017.
<https://www.nytimes.com/2016/09/08/arts/international/a-hermitage-amsterdam-show-looks-closer-at-catherine-the-great.html?_r=0>.

Editores, Biography.Com. "Catherine II." *Biography.Com*. A&E Television Networks, LLC, 28 Abr. 2017. Web. 1ero de mayo, 2017. <http://www.biography.com/people/catherine-ii-9241622>.

Editores, Russiapedia. "Prominent Russians: Catherine II the Great." [Rusos prominentes: Catalina la Grande] *Russiapedia*. Organización autónoma sin fines de lucro, 2005. Web. 1ero de mayo, 2017. <http://russiapedia.rt.com/prominent-russians/the-romanov-dynasty/catherine-ii-the-great/>.

Editores, Boundless. "Catherine's Domestic Policies." [Las políticas internas de Catalina] *Boundless*. Boundless, Ltd., 21 Nov. 2016. Web. 1ero de mayo, 2017.
<https://www.boundless.com/world-history/textbooks/boundless-world-history-textbook/enlightened-despots-1110/catherine-the-great-and-russia-1115/catherine-s-domestic-policies-1135-17717/>.

Autores, EL Museo Estatal del Hermitage. "Sale of Works of Art and Transfer of Art Objects to Museums of Union Republics [Venta de obras de arte y transferencia de objetos de arte a museos de las repúblicas de la Unión] *El Museo Estatal del Hermitage*. Museo Estatal del Hermitage, 2017. Web. 1ero de mayo, 2017.<https://www.hermitagemuseum.org/wps/portal/hermitage/explore/history/historical-article/1900/sale/?lng=>.

C, Davide. "The History of St Petersburg." [La historia de San Petersburgo], *Guía esencial de San Petersburgo*. St Petersburg Essential Guide.Com, 2015. Web. 1ero de mayo, 2017. <http://www.st-petersburg-essentialguide.com/history-of-st-petersburg.html#BEFORE-PETER-THE-GREAT>.

Cheney, Ian. "How Peter the Great Modernized Russia." [Cómo Pedro el Grande modernizó a Rusia] *Construction Literature Magazine*. Construction Literature Magazine, Inc., 2013. Web. 1ero de mayo, 2017. <http://constructionlitmag.com/culture/how-peter-the-great-modernized-russia/>.

Editores, Historia Épica Mundial. "Wanli - Ming Dynasty Emperor." [Wanli: Emperador de a Dinastía Ming] *Epic World History*. Blogger, 2012. Web. 1ero de mayo, 2017. <http://epicworldhistory.blogspot.tw/2012/04/wanli-ming-dynasty-emperor.html>.

Editores, Biography.Com. "Pedro el Grande". *Biography.Com*. A&E Television Networks, LLC, 28 Abr. 2017. Web. 1ero de mayo, 2017. <http://www.biography.com/people/peter-the-great-9542228>.

Bos, Joan. "Ivan V de Rusia". *Monarcas locos*. Mad Monarchs, Ltd., 12 Sept. 2011. Web. 1ero de mayo, 2017. <http://madmonarchs.guusbeltman.nl/madmonarchs/ivan5/ivan5_bio.htm>.

Bos, Joan. "Ivan IV de Rusia". *Monarcas locos*. Mad Monarchs, Ltd., 12 Sept. 2011. Web. 1ero de mayo, 2017. <http://madmonarchs.guusbeltman.nl/madmonarchs/ivan4/ivan4_bio.htm>.

Editores, Reference.Com. "¿Cuáles fueron los logros de Iván el Terrible?". *Reference.Com*. IAC Publishing, LLC, 2014. Web. 1ero de mayo, 2017. <https://www.reference.com/history/were-accomplishments-ivan-terrible-51f4ba5d6fb2de76>.

Editores, Destino Sagrado. "Catedral de San Basilio". *Destino Sagrado*. Sacred Destination, Ltd., 2010. Web. 1ero de mayo, 2017. <http://www.sacred-destinations.com/russia/moscow-st-basil-cathedral>.

Editores, Para Descubrir Rusia. "VESTIMENTA TRADICIONAL RUSA". *To Discover Russia*. To Discover Russia, Ltd., 2013. Web. 1ero de mayo, 2017. <http://todiscoverrussia.com/traditional-russian-clothing/>.

Trueman, C. N. "Pedro el Grande: Reformas domésticas". *The History Learning Site*. The History Learning Site, Ltd., 28 Mayo 2015. Web. 2 Mayo 2017. <http://www.historylearningsite.co.uk/peter-the-great/peter-the-great-domestic-reforms/>.

Mancini, Mark. "The Time Peter the Great Declared War on Facial Hair". [La vez que Pedro el Grande declaró la guerra al vello facial]. *Mental Floss*. Mental Floss, Inc., 29 Marzo 2014. Web. 2 Mayo 2017. <http://mentalfloss.com/article/55772/time-peter-great-declared-war-facial-hair>.

Christina. "Peter the Great Trendsetter: National Change through Fashion [Pedro el Gran creador de tendencias]. *Daydream Tourist*. WordPress, 8 Sept. 2015. Web. 2 Mayo 2017. <https://daydreamtourist.com/2015/09/08/peter-the-great-fashion/>.

Editores, Reddit. Does anybody know the value of a Ruble in 1860?" [¿Alguien sabe el valor de un rublo en 1860?]. *Reddit*. Reddit, Inc., 2015. Web. 2 Mayo 2017. <https://www.reddit.com/r/AskHistorians/comments/2o7vcl/does_anybody_know_the_value_of_a_ruble_in_1860/>.

Editores, Hermitage Amsterdam. "San Petersburgo y Rusia". *Hermitage Amsterdam*. Hermitage Amsterdam, 2015. Web. 2 Mayo 2017. <http://www.hermitage.nl/en/st-petersburg_en_rusland/nederland_rusland_en_st-petersburg/de_huisjes_van_tsaar_peter.htm>.

Editores, RusArt.Net. "Winter Canal" [El Canal de Invierno] *RusArt.Net*. RusArt.Net, 2016. Web. 2 Mayo 2017. <http://www.rusartnet.com/russia/st-petersburg/architecture/canal/winter-canal>.

Authores, San Petersburgo. "EL Palacio Menshikov". *Saint Petersburg*. Saint Petersburg.Com, 2016. Web. 2 Mayo 2017. <http://www.saint-petersburg.com/museums/hermitage-museum/menshikov-palace/>.

Wright, Jennifer. "El Palacio de Hielo de Anna Ivanovna". *Slate*. The Slate Group, LLC, 6 Dec. 2015. Web. 2 Mayo 2017. <http://www.slate.com/articles/arts/culturebox/2015/11/empress_anna_ivanovna_of_russia_hated_love_and_marriage_so_much_that_she.html>.

Editores, Fodors' Travel. "STATE HERMITAGE MUSEUM (GOSUDARSTVENNY ERMITAZH MUZEY)". *Fodors' Travel*. Internet Brands, Inc., 2017. Web. 2 Mayo 2017. <http://www.fodors.com/world/europe/russia/st-petersburg/things-to-do/sights/reviews/state-hermitage-museum-154816>.

Editores, History is Now. "Catherine the Great and her many lovers. Just don't mention the horses…" [Catalina la Grande y sus muchos amantes. Solo no menciones los caballos…]. *History is Now*. History is Now Magazine, 5 Feb. 2015. Web. 3 Mayo 2017. <http://www.historyisnowmagazine.com/blog/2015/1/31/catherine-the-great-and-her-many-lovers-just-dont-mention-the-horses#.WQxXE-WGNPY=>.

Perrottet, Tony. "HORSING AROUND WITH CATHERINE THE GREAT" [A caballo con Catalina la Grande]. *TONY'S SECRET CABINET*. Tony Perrottet, 25 Feb. 2008. Web. 3 Mayo 2017. <http://thesmartset.com/article02250801/>.

Maranzani, Barbara. "8 Things You Didn't Know About Catherine the Great" [Ocho cosas que no sabías de Catalina la Grande]. *History in the Headlines*. A&E Television Networks, LLC, 9 July 2012. Web. 3 Mayo 2017. <http://www.history.com/news/8-things-you-didnt-know-about-catherine-the-great>.

Editores, Catalina la Grande. "Catalina la Grande: Amantes": *Catherine the Great*. Weebly, Inc., 2007. Web. 3 Mayo 2017. <http://katherineandcatherinethegreat.weebly.com/marriage--love.html>.

Wolff, Larry. "If I Were Younger I Would Make Myself Russian': Voltaire's Encounter With the Czars" ['Si fuera más joven, me haría ruso': El encuentro de Voltaire con los zares].

The New York Times. The New York Times Company, 13 Nov. 1994. Web. 3 Mayo 2017.
<http://www.nytimes.com/1994/11/13/books/if-were-younger-would-make-myself-russian-
voltaire-s-encounter-with-czars.html?pagewanted=all>.

Osborn, Andrew. "Voltaire and Catherine the Great: a pair of unlikely pen-pals" [Voltaire y
Catalina la Grande: un par poco probable de amigos por correspondencia]. *The Independent
Online*. Associated Newspapers, Ltd., 1 June 2006. Web. 3 Mayo 2017.
<http://www.independent.co.uk/news/world/europe/voltaire-and-catherine-the-great-a-pair-of-
unlikely-pen-pals-480746.html>.

Autores, Museo Estatal del Hermitage. "The Construction of the Small Hermitage" [La
construcción del Pequeño Hermitage]. *The State Hermitage Museum*. The State Hermitage
Museum, 2017. Web. 3 Mayo 2017.
<http://www.hermitagemuseum.org/wps/portal/hermitage/explore/history/historical-
article/1750/Construction of the Small Hermitage/?lng=pl>.

Autores, Museo Estatal del Hermitage. "The Acquisition of J.E. Gotzkowsky's Collection by
Catherine II [La adquisición de la colección de J.E. Gotzkowsky por Catalina la Grande]. *The
State Hermitage Museum*. The State Hermitage Museum, 2017. Web. 4 Mayo 2017.
<https://www.hermitagemuseum.org/wps/portal/hermitage/explore/history/historical-
article/1750/Empress Catherine II purchases Johann Ernest Gotzkowskis collection/?lng=>.

Editores, Totally History. "Danaë". *Totally History*. Totally History, Ltd., 25 Nov. 2015.
Web. 4 Mayo 2017. <http://totallyhistory.com/danae/>.

Autores, San Petersburgo. "Explore the Hermitage: An introduction to St. Petersburg's
greatest museum" [Explore el Hermitage: una introducción al museo más grande de San
Petersburgo]. *Saint Petersburg*. Saint Petersburg.Com, 2017. Web. 4 Mayo 2017.
<http://www.traceyourdutchroots.com/art/idlers.html>.

Autores, Museo Estatal del Hermitage. "The Great (Old) Hermitage. [El grandioso (Viejo)
Hermitage]. *The State Hermitage Museum*. The State Hermitage Museum, 2017. Web. 4 Mayo
2017.
<https://www.hermitagemuseum.org/wps/portal/hermitage/explore/buildings/locations/buildin
g/B30/?lng=en>.

Morris, Roderick Conway. "The Hermitage and Catherine the Great Collector" [El
Hermitage y Catalina la Gran coleccionista]. *The New York Times*. The New York Times
Company, 11 Julio 1998. Web. 4 Mayo 2017. <http://www.nytimes.com/1998/07/11/style/the-
hermitage-and-catherine-the-great-collector.html>.

Editores, Your Dictionary. "Alexander I Facts [Datos sobre Alejandro I]. *Your Dictionary Biographies*. LoveToKnow Corporation, 2003. Web. 4 Mayo 2017. <http://biography.yourdictionary.com/alexander-i>.

Greenspan, Jesse. "Napoleon's Disastrous Invasion of Russia" [La desastrosa invasion napoleónica de Rusia]. *History in the Headlines*. A&E Television Networks, LLC, 22 Junio 2012. Web. 4 Mayo 2017. <http://www.history.com/news/napoleons-disastrous-invasion-of-russia-200-years-ago>.

Editores, Hermitage Ámsterdam. "Alexander, Napoleon & Joséphine, a Story of Friendship, War and Art from the Hermitage [Alejandro, Napoleón y Josefina, una historia de amistad, guerra y arte del Hermitage]. *Hermitage Amsterdam*. Hermitage Amsterdam, 2015. Web. 4 Mayo 2017. <https://www.hermitage.nl/en/tentoonstellingen/alexander_napoleon_josephine/backgroundstory.htm>.

Editores, Museo Estatal del Hermitage. "The General Staff Building" [El Edificio del Estado Mayor]. *The State Hermitage Museum*. The State Hermitage Museum, 2017. Web. 4 Mayo 2017. <https://www.hermitagemuseum.org/wps/portal/hermitage/explore/buildings/locations/building/B60/?lng=>.

Editores, UNESCO. "HISTORY OF THE GENERAL STAFF BUILDING" [Historia del Edificio del Estado Mayor]. *UNESCO*. Organización UNESCO, 2014. Web. 4 Mayo 2017. <http://www.unesco.org/culture/hermitage/html_eng/hisofgeneralstaff.htm>.

Autores, San Petersburgo. "General Staff Building" [Edificio del Estado Mayor] *Saint Petersburg*. Saint Petersburg.Com, 2016. Web. 4 Mayo 2017. <http://www.saint-petersburg.com/museums/hermitage-museum/general-staff-building/>.

Editores, Russiapedia. "Prominent Russians: Nicholas I [Rusos prominentes: Nicolás I]. *Russiapedia*. Organización Autónoma Sin Fines de Lucro, 2005. Web. 4 Mayo 2017. <http://russiapedia.rt.com/prominent-russians/the-romanov-dynasty/nicholas-i/>.

Autores, Museo Estatal del Hermitage. "The New Hermitage" [El Nuevo Hermitage]. *The State Hermitage Museum*. The State Hermitage Museum, 2017. Web. 4 Mayo 2017. <https://www.hermitagemuseum.org/wps/portal/hermitage/explore/buildings/locations/building/B40/?lng=en>.

Autores, Museo Estatal del Hermitage. "The Acquisition of the Barbarigo Gallery Collection [La adquisición de la colección de la Galería Barbarigo]. *The State Hermitage Museum*. The State Hermitage Museum, 2017. Web. 4 Mayo 2017.

<https://www.hermitagemuseum.org/wps/portal/hermitage/explore/history/historical-article/1850/Purchase of the Cristoforo Barbarigo collection/?lng=>.

Robson, John. "Hermitage Opened – It Happened Today, February 5" [Abrió el Hermitage: Ocurrió hoy, 5 de febrero]. *John Robson Online*. John Robson, 5 Feb. 2017. Web. 5 Mayo 2017. <http://www.thejohnrobson.com/hermitage-opened-it-happened-today-february-5/>.

Editores, Biblioteca Presidencial. "New Hermitage, the first public art museum in Russia, was opened [Se inauguró Nuevo Hermitage, el primer museo público de arte en Rusia]. *Presidential Library*. Yeltsin Presidential Library, 1990. Web. 5 Mayo 2017. <http://www.prlib.ru/en-us/History/Pages/Item.aspx?itemid=419>.

Editores, The Street and the City. "February 5, 1852: Opening of the New Hermitage Museum in Saint Petersburg [5 de febrero de 1852: Inauguración del Museo del Nuevo Hermitage en San Petersburgo". *The Street and the City*. WordPress, 5 Feb. 2016. Web. 5 Mayo 2017. <https://thestreetandthecityul.wordpress.com/2016/02/05/february-5-1852-opening-of-the-new-hermitage-museum-in-saint-petersburg/>.

Lynch, Michael. "The Emancipation of the Russian Serfs, 1861: A Charter of Freedom or an Act of Betrayal? [La emancipación de los siervos rusos, 1861: ¿una carta de libertad o un acto de traición?]. *History Today*. History Today, Ltd., Dec. 2003. Web. 5 Mayo 2017. <http://www.historytoday.com/michael-lynch/emancipation-russian-serfs-1861-charter-freedom-or-act-betrayal>.

Editores, The Virtual Russian Museum. "Portrait of Alexander II [Retrato de Alejandro II]. *The Virtual Russian Museum*. The Virtual Russian Museum - St. Petersburg, 2014. Web. 5 Mayo 2017. <http://rusmuseumvrm.ru/data/collections/painting/19_20/botman_ei_portret_aleksandra_ii_18 56_zhb_1942/index.php?lang=en>.

Autores, Museo Estatal del Hermitage. "The Acquisition of the Marquis Gian Pietro Campana Collection" [La adquisición de la colección del marqués Gian Pietro Campana]. *The State Hermitage Museum*. The State Hermitage Museum, 2017. Web. 5 Mayo 2017. <https://www.hermitagemuseum.org/wps/portal/hermitage/explore/history/historical-article/1850/Campana collection/?lng=>.

Autores, Museo Estatal del Hermitage. "The Purchase of Raphael's 'Connestabile Madonna' [La compra de la *Madonna Connestabile* de Rafael]. *The State Hermitage Museum*. The State Hermitage Museum, 2017. Web. 5 Mayo 2017. <https://www.hermitagemuseum.org/wps/portal/hermitage/explore/history/historical-article/1850/Madonna by Raphael/?lng=en>.

Autores, Museo Estatal del Hermitage. "The Acquisition of the A.P.Basilewski Collection [La adquisición de la colección A.P.Basilewski]. *The State Hermitage Museum*. The State Hermitage Museum, 2017. Web. 5 Mayo 2017. <https://www.hermitagemuseum.org/wps/portal/hermitage/explore/history/historical-article/1850/Basilevsky collection/?lng=en>.

Autores, Museo Estatal del Hermitage. "The Acquisition of Leonardo da Vinci's 'Madonna and Child' (the "Benois Madonna")" [La adquisición de la *Virgen con el Niño y flores* (*Madona Benois*) de Leonardo da Vinci]. *The State Hermitage Museum*. The State Hermitage Museum, 2017. Web. 5 Mayo 2017. <https://www.hermitagemuseum.org/wps/portal/hermitage/explore/history/historical-article/1900/Purchase of Leonardo da Vincis Madonna with a Flower %28Benois Madonna%29/?lng=>.

Gruver, Rebecca. "What was a Franc worth in today's terms during the time Les Miserables took place? [¿Cuánto valía un franco en términos de hoy durante el tiempo en que tuvieron lugar los Miserables?]. *Quora*. Quora, Inc., 30 Jan. 2013. Web. 5 Mayo 2017. <https://www.quora.com/What-was-a-Franc-worth-in-todays-terms-during-the-time-Les-Miserables-took-place>.

Autores, Museo Estatal del Hermitage. "A Hospital in the Winter Palace. 1915-1917" [Un hospital en el Palacio de Invierno]. *The State Hermitage Museum*. The State Hermitage Museum, 2017. Web. 5 Mayo 2017. <http://www.hermitagemuseum.org/wps/portal/hermitage/what-s-on/temp_exh/1999_2013/hm4_1_127/?lng=en>.

Editores, History Channel. "February Revolution begins in Russia" [La Revolución de Febrero comienza en Rusia]. *History Channel*. A&E Television Networks, LLC, 8 Marzo 2015. Web. 5 Mayo 2017. <http://www.history.com/this-day-in-history/february-revolution-begins-in-russia>.

Autores, Museo Estatal del Hermitage. "Art Works - Bean King" [Obras de arte: Bean King]. *The State Hermitage Museum*. The State Hermitage Museum, 2017. Web. 5 Mayo 2017. <https://www.hermitagemuseum.org/wps/portal/hermitage/digital-collection/01. Paintings/48341/?lng=>.

Autores, Museo Estatal del Hermitage. "Art Works - Angel of the Death" [Obras de arte - Ángel de la muerte]. *The State Hermitage Museum*. The State Hermitage Museum, 2017. Web. 5 Mayo 2017. <http://www.hermitagemuseum.org/wps/portal/hermitage/digital-collection/01. Paintings/37074/?lng=ja>.

Autores, Heresy & Beauty. "The Angel of the Death" [El Ángel de la Muerte]. *Heresy & Beauty*. WordPress, 1 Apr. 2010. Web. 5 Mayo 2017. <https://heresyandbeauty.wordpress.com/2010/04/01/the-angel-of-the-death/>.

Editores, History Channel. "USSR established" [Establecida la URSS]. *History Channel*. A&E Television Networks, LLC, 30 Dec. 2014. Web. 5 Mayo 2017. <http://www.history.com/this-day-in-history/ussr-established>.

Hingley, Ronald Francis. "Joseph Stalin". *Encyclopedia Britannica*. Encyclopedia Britannica, Inc., 2012. Web. 5 Mayo 2017. <https://www.britannica.com/biography/Joseph-Stalin>.

Editores, Museo Calouste Gulbenkian. "The Collector - Calouste Sarkis Gulbenkian" [El Coleccionista: Calouste Sarkis Gulbenkian]. *Calouste Gulbenkian Museum*. Calouste Gulbenkian Museum, 2014. Web. 5 Mayo 2017. <https://gulbenkian.pt/museu/en/the-founders-collection/the-collector/>.

Editores, National Geographic. "Top 10 Museums and Galleries" [Top 10 de museos y galerías]. *National Geographic News*. National Geographic Society, 20 Sept. 2012. Web. 5 Mayo 2017. <http://www.nationalgeographic.com/travel/top-10/museum-galleries/>.

Krasnov, Oleg. "Moscow's and St. Petersburg's top 5 most visited museums revealed" [Top 5 de museos más visitados de Moscú y San Petersburgo]. *Russia Beyond the Headlines*. Autonomous Nonprofit Organization, 18 Junio 2016. Web. 5 Mayo 2017. <https://rbth.com/arts/2016/06/18/moscows-and-st-petersburgs-top-5-most-visited-museums-revealed_604065>.

Rounding, Virginia. *Catherine the Great: Love, Sex, and Power* [Catalina la Grande: Amor, sexo y poder]. 1era ed. N.p.: St. Martin's Griffin, 2008. Print.

Neal, Larry. *A Concise History of International Finance: From Babylon to Bernanke (New Approaches to Economic and Social History)* [Historia concisa de las finanzas internacionales: de Babilonia a Bernanke (nuevos enfoques de la historia económica y social]. N.p.: Cambridge U Press, 2015. Print. New Approaches to Economic and Social History.

Giebelhausen, Michaela. *The Architecture of the Museum: Symbolic Structures, Urban Contexts (Critical Perspectives in Art History)* [La arquitectura del museo: Estructuras simbólicas, contextos urbanos (perspectivas críticas en la historia del arte)]. N.p.: Manchester U Press, 2003. Print. Critical Perspectives in Art History.

Massie, Robert K. *Peter the Great: His Life and World* [Pedro el Grande: Su vida y mundo]. N.p.: Random House Trade, 1981. Print.

Denton, C. S. *Absolute Power: The Real Lives of Europe's Most Infamous Rulers* [Poder absoluto: Las vidas reales de los gobernantes más infames de Europa]. N.p.: Eagle Editions, 2006. Print.

Lang, Sen. *European History For Dummies* [Historia europea para tontos]. 2da ed. N.p.: For Dummies, 2011. Print.

Libros gratuitos por Charles River Editors

Tenemos nuevos títulos disponibles gratuitamente durante casi toda la semana. Para ver cuáles de nuestros títulos se encuentran gratuitos actualmente, haga clic en este enlace.

Libros en descuento por Charles River Editors

Tenemos títulos con un precio reducido de tan solo 99 centavos cada día. Para ver cuáles de nuestros títulos cuestan 99 centavos actualmente, haga clic en este enlace.

Made in the USA
Las Vegas, NV
06 May 2022